ARGENDOHA
NÉSTOR DARÍO VICENTÍN

Copyright © 2025 Néstor Darío Vicentín

Todos los derechos reservados. Se prohíbe la reproducción total o parcial de esta obra, ni su incorporación a un sistema informático, ni su transmisión por cualquier forma o medio (electrónico, mecánico, fotocopia, grabación u otros) Sin autorización previa y por escrito del titular del copyright. La infracción de dichos derechos puede constituir un delito contra la propiedad intelectual.

ISBN: 978-631-00-8387-2

ÍNDICE

INTRODUCCIÓN 7
DEDICATORIA 9
CAPÍTULO 1. Fanáticos 11
CAPÍTULO 2. Perfección 23
CAPÍTULO 3. Obsesiones 29
CAPÍTULO 4. Una maleta 33
CAPÍTULO 6. El robo 51
CAPÍTULO 8. Corazón argento 72
CAPÍTULO 9. ¿Una Pista? 80
CAPÍTULO 10. Dos señuelos 88
CAPÍTULO 11. Sin payaso 102
CAPÍTULO 12: Catarsionados 108
CAPITULO 13. El tiempo es tirano .. 122
CAPÍTULO 14: Una noche soñada 128
CAPÍTULO 15: Final histórica 134
CAPÍTULO 16: Jaque 142

INTRODUCCIÓN

El Mundial de Fútbol no es solo un torneo. Es un ritual, una pasión desbordante que une a generaciones, trasciende fronteras, y convierte cada rincón del planeta en una tribuna. Para millones de argentinos, es el sueño de la gloria, la devoción por la celeste y blanca, y la esperanza que se renueva cada cuatro años con la ilusión de volver a gritar campeón.

Pero en Doha Catar 2022, mientras las banderas argentinas ondean y el mundo vibra con cada partido, dos hinchas descubrirán que el fútbol no es lo único que está en juego. Ignacio "Pipa" y Fernanda llegan a la Copa del Mundo con el deseo de vivir la fiesta más grande del deporte. Pero el destino les tiene preparada una jugada inesperada: una red de robos, conspiraciones, y persecuciones, los arrastra a un peligroso entramado donde cada decisión puede ser la última.

En medio de la fiebre mundialista, un objeto invaluable desaparece y el caos se desata. Mientras los jugadores pelean por la gloria en la cancha, en las sombras se libra otro partido: el de la astucia, el engaño, y la supervivencia. Entre la emoción de la competencia, el fervor de los hinchas, y un amor que podría cambiarlo todo. Pipa y Fernanda deberán descubrir si están preparados para enfrentar el partido más difícil de sus vidas.

Argendoha es una historia de aventura, fútbol, romance y acción. Una carta de amor al hincha argentino, a sus ídolos, y a la pasión que nos une en cada grito de gol. Porque en el fútbol, como en la vida, algunos partidos se juegan hasta el último minuto.

DEDICATORIA

A mi hija Olivia, quien nunca quiso revelarme ninguna de sus historias, esas que crea casi a diario: "Shh... *¡Es un secreto, Papá!*". Pues bien, no me dejaste opción. Papá tuvo que crear su propia historia. Hoy te la dedico con mucho amor a vos, a mamá, a toda nuestra gran familia y a todos mis seres queridos. Aquellos que me acompañan en este mundo material, y a quienes partieron, pero llevo siempre conmigo.

CAPÍTULO 1. Fanáticos

El oleaje rompía en un murmullo constante contra la playa desierta, como un metrónomo de la naturaleza marcando el paso de los segundos. Pero en la mente de aquella persona, el sonido era ahogado por un tumulto de pensamientos incesantes. Las olas podían intentar calmarle, pero el mensaje que acababa de leer había sido un rugido ensordecedor en su interior.

Todo estaba a punto de cambiar. El vuelo estaba confirmado y el destino fijado. Sentía que estaba lejos de sentirse seguro y en paz con su preparación esta vez para entrar en acción.

Sobre la mesa, los planos del museo le devolvían la mirada como si fueran un enemigo silencioso. Dibujos precisos de pasillos, vitrinas, y cámaras de seguridad parecían susurrarle al oído: *No lo lograrás*.

Pero no era de los que se dejaban intimidar por un desafío, y mucho menos por un trozo de papel. No había tiempo para titubear.

Suspiró, dejando escapar un poco de la presión que le pesaba sobre sus hombros, y luego caminó hacia el agua.

El camino de madera se escondía entre la vegetación exuberante que rodeaba la propiedad, y cada paso parecía conducirlo hacia un refugio que nunca era suficiente.

El sol de Phuket bañaba el océano en reflejos dorados, y el agua cristalina invitaba a dejarse llevar, a sumergirse y olvidar. Aunque su mente no se permitía olvidos. Pero tenía excepciones, aquellos "esclarecedores e introspectivos": momentos de meditación o yoga.

La paranoia le seguía como una sombra. Incluso mientras el agua cubría su cuerpo, sintió la inquietante certeza de que le observaban.

Volvió a la casa antes de que el sol comenzara a caer.

Las puertas de vidrio reflejaban la luz de la tarde, creando una ilusión de calidez y seguridad que no sentía. La ironía del lujo que le rodeaba —esa vida que muchos envidiarían—, le parecía un recordatorio constante de lo lejos que estaba de sentirse realmente a salvo.

Mientras preparaba un martini, las notificaciones de la tablet interrumpieron sus pensamientos. La pantalla se iluminó con un mensaje de la Dark Web, una invitación que no podía ignorar: "URGENTE: *solicito personal idóneo para obtener la casaca de la subasta cuyo link copio a continuación. La paga mínima garantizada será el precio base fijado en dicha publicación*".

Leyó el mensaje dos veces, dejando que cada palabra se hundiera como una cuchilla. El contenido era más simple de lo que esperaba, pero el impacto era devastador. Una invitación abierta en el rincón más oscuro de Internet significaba solo una cosa: competencia. La peor clase de competencia. Cazadores de tesoros, ladrones sin ética, oportunistas y amateurs... todos irían tras el premio.

—Estúpidos —murmuró, apretando el vaso hasta que sus nudillos se pusieron blancos.

—Esto atraerá a todos los carroñeros del mundo.

El cristal del vaso estuvo a punto de romperse en su mano, pero lo soltó justo a tiempo.

No podía permitirse perder la concentración. La competencia no era su único problema: sabía que la policía estaría vigilando de cerca la subasta. Y, con Interpol detrás de cualquier sospecha, sabía con certeza que un rival de antaño —un agente experimentado— se haría cargo de la investigación.

Necesitaba un plan que los cegara. Una distracción. Una tan audaz que desviara todas las miradas de su verdadero objetivo. Y ya tenía un par de ideas.

Esa misma noche, a miles de kilómetros de distancia, Fernanda no podía imaginar que un simple código QR estaba a punto de cambiar su vida para siempre.

El calor sofocante de la ciudad de Corrientes se pegaba a la piel, espesando el aire como una advertencia de la tormenta que aparentaba demorar una eternidad en llegar.

Era viernes, y el pequeño departamento que compartía con Carla estaba lleno de vida, de alegría y amigos. Las cervezas se acumulaban sobre la mesa como soldados en formación, las risas resonaban por encima de la música, y la atmósfera olía a empanadas recién entregadas por el delivery.

Fernanda, con sus 25 años recién cumplidos, era el alma del grupo. De ojos brillantes y una sonrisa que parecía desafiar al cansancio, tenía esa energía magnética que atraía a la gente sin esfuerzo. Caminaba entre sus amigos con la confianza de quien sabe que todos están felices de tenerla cerca, y con una bolsa de empanadas en cada mano, gritó para hacerse oír por encima del bullicio:

—¡A comer, manga de muertos de hambre! Las risas estallaron. Era imposible no quererla.

Fernanda dejó las bolsas sobre la mesa y se dirigió a la heladera en busca de más cerveza. Fue entonces que el etiquetado de las botellas llamó su atención: no era el diseño habitual para esa marca. Algo que no había notado antes.

—Che, Carli, mirá —dijo, sosteniendo una botella hacia su amiga.

Carla, que estaba en el sofá revisando su teléfono,

levantó la mirada con curiosidad.

—¿Qué cosa?

—Soltá el teléfono un minuto nena y prestá atención! Las etiquetas tienen un juego. Dice que si escaneas el QR podés ganar un viaje al Mundial. ¡Juguemos dale, a ver qué onda!

—¿Qué? Dejate de joder —Carla negó con la cabeza, pero al ver la expresión entusiasta de Fernanda, suspiró.

—Está bien, pero si gano yo, le regalo el viaje a mi hermano. La semana que viene es su cumpleaños.

—¡Olvidate! Si ganás vos, te llevo arrastrando conmigo —dijo Fernanda, riéndose mientras sacaba su teléfono y abría la cámara para escanear el código.

El calor y la humedad en el ambiente se combinaban formando una noche pesada de digerir en la urbe, pero en ese momento nada importaba.

Fernanda no podía imaginar que esa pequeña acción, un simple gesto impulsado por la curiosidad y la emoción, iba a ser el primer paso en una cadena de eventos que cambiaría su vida para siempre.

Mientras el escáner leía el código QR que brillaba en la pantalla de su teléfono, algo más comenzaba a ponerse en marcha. Algo que ni Fernanda ni Carla podían prever.

Y mucho menos Ignacio.

Pipa, quien en ese preciso instante saboreaba una cerveza artesanal en un bar de Córdoba, mientras veía las repeticiones de los últimos goles del Mundial con la esperanza de que su vida, de alguna manera, también diera un giro inesperado. Porque a veces, lo extraordinario comienza con lo más cotidiano.

Carla dejó caer el celular con una mueca de decepción cuando la pantalla le confirmó lo que ya sospechaba: no había ganado nada.

Sin embargo, justo en ese momento, el teléfono de Fernanda vibró con insistencia. Ella lo miró, entre escéptica y emocionada, mientras en la pantalla aparecía una notificación que parecía sacada de un sueño: "*¡Felicidades! Ganaste un viaje con todos los gastos pagos para la semifinal y la final del Mundial de Catar 2022*".

Por un instante, Fernanda se quedó inmóvil, leyendo y releyendo las palabras, como si su cerebro no pudiera procesarlas.

Hasta que de repente, explotó.

—¡¡¡Ganééé!!! ¡No lo puedo creer! ¡Me voy a Catar! —Gritó con tanta fuerza que su voz retumbó por todo el departamento.

De inmediato, sus amigos se lanzaron sobre ella en una avalancha de abrazos, risas y gritos.

Uno de ellos, en un arranque de emoción, la levantó en brazos mientras el resto comenzaba a cantar a coro: —¡¡Vamos, vamos, Argentina!! ¡Vamos, vamos a ganar! ¡Que esta banda quilombera no te deja, no te deja de alentar!

El corazón de Fernanda latía a mil. Apenas podía creerlo. Sentía que el destino la había escogido para algo grande.

Entre risas y abrazos, agarró su celular y marcó el número de su papá. Cuando escuchó su voz al otro lado de la línea, las palabras salieron atropelladas:

—¡Pa! ¡Ganaste una nena mundialista! ¡Me voy a Catar!

—¿Qué? ¿Y cómo pasó eso? —Respondió Aldo, su padre, claramente sorprendido, pero con un toque de orgullo en su voz.

Fernanda comenzó a explicarle entre risas, pero antes de que pudiera terminar, bajó la voz con un tono más cauteloso:

—Papá... fue una promo de una cerveza, ¿podrías contarle vos a mamá?, no tengo ánimo de discutir en este momento.

Desde el altavoz, la voz inconfundible de Nidia, su madre, se escuchó como un trueno:

—¡¿Qué viaje?! ¡Espero que vos no apoyes esta locura! Gritó fulminando con la mirada a su marido.

Fernanda puso los ojos en blanco y suspiró. Aldo, fiel a su estilo conciliador, trató de calmar a su esposa.

—¡Es un premio, mujer! ¡Déjala! ¿Cuántas veces alguien gana algo así en la vida?

—¡Mamá, es mi oportunidad! —Interrumpió Fernanda, levantando la voz.

—¡Es Messi, es la selección, es el Mundial! ¿Qué otra chance así voy a tener yo? ¡Es una oportunidad única en la vida! Además, ya no tengo que pedirte permiso. ¡No soy una Nena!

La discusión se prolongó por varios minutos, con

Nidia insistiendo en los peligros y en lo innecesario del viaje. Pero, al final, y después de muchas súplicas y argumentos, su madre cedió, aunque no sin lanzar un último reclamo:

—Está bien, ya no puedo detenerte es cierto... pero antes de irte, pasas por Margarita. ¡Quiero que te despidas de tu familia como corresponde! ¡ Y además... te extrañamos, nena! —Suspiró Nidia.

Fernanda soltó un resoplido aliviado. No había fuerza en el mundo capaz de detenerla ahora.

Esa noche, mientras la tormenta finalmente estallaba sobre Corrientes, Fernanda se tumbó en su cama, mirando el techo con una sonrisa que no podía borrar. Cerró los ojos y soñó con las tribunas repletas, con las banderas ondeando en el aire y con los gritos de victoria resonando en los estadios de Catar.

Pero lo que no sabía era que ese viaje no solo la llevaría a cumplir un sueño. También la pondría en el camino del mayor desafío de su vida.

Cuando los primeros destellos de la luz del día abrazan una antigua casona del barrio Alberdi, en la ciudad de Córdoba capital, los cardenales bajan al patio en busca de migas de pan. La mañana comenzaba con otro ritmo.

Coca, envuelta en su vieja bata de felpa, se deslizó hacia la cocina. Las pantuflas gastadas arrastraban un eco suave contra el piso, mientras llenaba la pava con agua y la colocaba sobre la hornalla encendida.

Puso dos rebanadas de pan en el tostador automático y se detuvo junto a la ventana, observando el jardín. La visita de un puñado de picaflores la hizo sonreír. Ese pequeño ritual matutino era su refugio, un momento de regocijo y paz antes de enfrentar el bullicio del día.

Suspiró mientras miraba los rayos del sol colarse entre las ramas. Aunque intentaba no pensar en ello, su mente volvía una y otra vez a Pipa. Siempre con la cabeza llena de sueños, como si la vida nunca lo hubiera golpeado lo suficiente.

Coca lo veía con amor, pero también con un toque de preocupación. Sabía que detrás de su entusiasmo juvenil había heridas que él nunca se atrevía a mostrar.

El crujido de las escaleras de madera rompió el silencio, seguido de pasos rápidos. Coca se giró justo cuando Pipa apareció en la cocina, despeinado y con los ojos medio cerrados.

Por un instante, ella vio al niño de cuatro años que había llegado a sus brazos en aquella noche oscura y fatídica, cuando el mundo parecía venirse abajo para ambos.

—¡Buenos días, dormilón! —Saludó con su sonrisa habitual, mientras servía el café.

Pipa solo gruñó, dejándose caer en una silla y rascándose la cabeza.

Coca lo miró, divertida.

—Ah, mirá vos... ¡Así que el señor no habla recién levantado! —Bromeó mientras sacaba las tostadas del tostador. Su tono se volvió juguetón. —Te apuesto un pasaje de avión a que te despierto con algo que tengo pendiente.

Pipa resopló, aún adormecido.

—¿Qué te pasa, Abu? Estoy medio dormido todavía.

—¿Dormido? No parece. ¿Y así pensás ir al Mundial? — Disparó Coca, entrecerrando los ojos.

Como si le hubieran inyectado adrenalina y energía de golpe, Pipa se enderezó en la silla y golpeo con las dos manos la mesa.

—¡Claro que voy! ¿Tenés alguna duda? — Respondió con una sonrisa confiada—Ahorro desde hace años. ¡Esta vez la copa se viene para Argentina, Abu!

Coca lo miró fijamente por encima de sus lentes, notando la pasión en sus ojos. Siempre igual, pensó. ¿Cómo podía seguir soñando con el Mundial después de todo lo que había perdido?

Pero ahí estaba, lleno de entusiasmo y con la esperanza como bandera.

Un pitido en el celular de Pipa interrumpió el momento. Él lo revisó rápidamente y sonrió al leer el mensaje, su rostro se iluminó con satisfacción.

—Abu, ¿sabés una cosa? Este año no nos para nadie. ¡Vamos a ser campeones del mundo!

Coca, que no podía evitar emocionarse al verlo

tan lleno de vida, lanzó una carcajada buscando irritarlo.

—¡Ay, Pipa! Sos un loco, son millonarios esos pibes. Poco les importa—Respondió tentada, sabiendo lo que provocaría.

A Pipa le subieron las pulsaciones y se paró, corriendo la silla de un empujón.

—¡No me jodás Abu!, desde 2019 veo que estos flacos, se matan en la cancha, ¡¡¡dejan la piel y el corazón en cada pelota!!!

—¡ Ah, Ja, Ja, Ja! ¡Basta, por favor, pará nene! ¡ Me vas a hacer orinar! —Dijo tomándose el bajo vientre.

—¡Basta! Estás hablando del Campeón de América, ¡más respeto! Estuve en el Maracaná en la final, no me lo contó nadie, yo lo vi. Estos chicos se matan cuidando las espaldas del compañero. Da placer verlos jugar.

Todos corren, todos meten y lo más difícil en el fútbol, todos piensan. Cada acción en el momento preciso. Es una sinfonía. Hay comunión entre ellos el cuerpo técnico y la hinchada.

—¡Este año somos campeones del mundo, Coca! ¡Te apuesto lo que quieras!

—Está bien. No te enojes. Te voy a regalar los pasajes de avión. Y la verdad que esta vez yo también tengo fe de que vamos a ganar, solo estaba jugando con vos un ratito.

Los ojos de Pipa se abrieron como platos.

—¿De verdad, Coca?

—Sí, claro. Aunque sé que no lo necesitas, pero con una condición importantísima —dijo, levantando un dedo.

—¡Decime, mi Cleopatra, mi reina del Nilo...! —Bromeó Pipa teatralmente.

—Quiero que me llames todos los días —respondió ella, fingiendo seriedad.

—Y si no lo haces o te olvidas, te llamo yo. Y si no me llegaras a atender, Pipa... te juro que te corto las pelo...

—¡¡¡Eeeepaaa!!! —Interrumpió Pipa agarrándose con ambas manos.

Pipa rio y se acercó para abrazarla con fuerza, dándole un beso en la frente.

—Gracias, mi Coca. Sos la mejor Abu del mundo.

Coca lo observó mientras él se preparaba para salir, llena de amor.

Ojalá este fuera el año en que Pipa cumpliera uno de sus mayores sueños: *"ver a la selección argentina coronarse campeón del Mundo"*. Porque la vida ya le había negado demasiado.

CAPÍTULO 2. Perfección

Visitantes de todo el mundo recibía el museo esa tarde en DOHA, pero nadie parecía reparar en alguien de cabello oscuro, un tanto descuidado y de mirada distraída que deambulaba por las galerías.

Era un maestro del anonimato y la transformación. Su atuendo —jeans desgastados, una camisa de algodón gris y zapatillas comunes— lo convertía en una sombra más entre la multitud.

Caminaba con una calma estudiada: ni demasiado lento como para llamar la atención, ni demasiado rápido como para parecer sospechoso. Cada paso suyo, sin embargo, tenía un propósito milimétrico.

Sus ojos recorrieron la sala con aparente desgano. En realidad, no había detalle que escapara a su escrutinio: las cámaras de seguridad, los sensores ocultos en las vitrinas, las esquinas ciegas donde los guardias raramente miraban.

Incluso observó el comportamiento de los vigilantes: uno de ellos bostezó al pasar junto a una obra, mientras que otro parecía demasiado entretenido mirando su celular detrás del mostrador de información. *Novato*, pensó con un ligero destello de desprecio.

Cada detalle quedaba almacenado en su memoria como si hubiera hecho una fotografía. Desde niño había poseído una memoria fotográfica prodigiosa, una herramienta que con el tiempo se había convertido en una obsesión.

Cuando su padre fue diagnosticado con Alzheimer, había jurado no compartir jamás ese destino. o al menos intentarlo en el camino.

Sus años en la facultad estuvieron signados por una práctica constante de ejercicios nemotécnicos: memorizar cifras, planos, formas, combinaciones y rostros hasta que pudiera recordarlos incluso con los ojos cerrados.

Ahora, esa misma habilidad se erigía como una de sus herramientas más potentes.

Caminó hasta detenerse frente a la vitrina donde descansaba el objeto que lo había llevado allí: la camiseta dorada.

A simple vista, parecía una réplica extravagante de una camiseta común. Pero sabía la verdad.

Esta pieza, forjada con hilos de oro puro, e incrustaciones de diamante, contaba con la firma de puño y letra de todo el plantel de la selección argentina de fútbol: el equipo campeón de la última Copa América y de la Finalissima ante Italia.

Su valor histórico y simbólico la convertía en un tesoro incalculable. Cualquier coleccionista de la élite estaría dispuesto a pagar fortunas por ella.

Pero no era dinero lo que lo motivaba.

Cada robo era un desafío, una obra maestra que debía ejecutarse con precisión absoluta.

Sus ojos se movieron con rapidez, calculando distancias, midiendo tiempos. Detectó un sensor láser oculto en el borde de la vitrina y una cámara de seguridad que giraba en intervalos regulares.

Se permitió una ligera sonrisa al notar que la sincronización del movimiento de la cámara tenía un lapso de 2.8 segundos entre giros. Lo suficiente para maniobrar... si todo salía según el plan.

Atardecía, y al llegar a la lujosa casona de playa, sentía calma, pero no lograba relajarse. Aunque su excursión al museo le había proporcionado muchas certezas, sentía la tensión de quien se prepara para una batalla.

En el centro de la habitación, en la posición de la postura de loto—yoga— y con sus ojos cerrados, permanecía inmóvil, como una estatua.

La única luz provenía de su laptop, que proyectaba una simulación en 3D sobre una pared blanca.

Las imágenes, exhibían a un intruso digital que se movía con precisión quirúrgica: esquivaba sensores, bloqueaba cámaras y desactivaba alarmas. Cada movimiento estaba calculado al milímetro. El sonido tenue de la simulación era lo único que rompía el silencio... hasta que el teléfono vibró sobre la mesa.

Abrió los ojos de golpe, como si el ruido lo hubiera sacado de un trance.

Al leer el mensaje, su rostro se tensó.

Se puso de pie, tomó el celular y devolvió la llamada con una frialdad que helaba.

—Te dije que no quiero mensajes —espetó, con la voz baja, pero cortante como una navaja muy afilada.

—Aunque sea un celular prepago e irrastreable, las llamadas son más seguras.

Al otro lado de la línea, la voz de un hombre trató de mantenerse tranquila, aunque no pudo ocultar un leve titubeo.

—Disculpa. Era solo para informarte dos cosas. La primera: la entrega de las camisetas está asegurada.

—¿Y la segunda? —Preguntó, con una impaciencia que comenzaba a filtrarse en su tono. Hubo un breve silencio antes de que la voz respondiera:

—No son buenas noticias. Hemos detectado al menos tres contactos que interactuaron con el oferente para robar la camiseta. Uno de ellos ya está en Doha. Los otros dos llegan esta semana.

Apretó los dientes, y su mandíbula se tensó.

—¿Quiénes son? ¿Los conozco?

—A todos. El Irlandés es el menos peligroso. Torpe, pero persistente, le hiciste pagar un tiempo tras las rejas hace tiempo.

—Decime algo que no sepa. ¿Los otros dos?

—Los otros dos. Son más complicados

La pausa al otro lado de la línea se alargó, como si el informante dudara en continuar.

—Uno de ellos es "Payaso Triste".

El nombre cayó como una losa en el silencio de la habitación. *"Payaso Triste"*. Un sicario infame conocido por sus métodos crueles y extravagantes. Acababa de salir de prisión hacía apenas un mes.

—¿Y el tercero? El informante tragó saliva antes de responder:

—Cobra. Ya sabés quién es. Secuestro, extorsión, sicariato. Buscado por Interpol desde hace años. Nunca lo atraparon.

Permaneció inmóvil, pero el sudor comenzaba a acumularse en sus manos. *"Cobra"* no era solo peligroso, era implacable. Uno de los pocos que podían llegar a complicar su labor seriamente.

—Lo entiendo —dijo finalmente, con un tono neutro— Gracias por la información. Ahora asegúrate de que los envíos lleguen a tiempo.

—Claro, lo que necesites, lo tendrás.

—Otra cosa. Necesito que intervengas las comunicaciones de estos nuevos actores. No me importa cómo, solo hacelo. Quiero saber de sus contactos, sus planes y sus ubicaciones. Necesito un informe diario. ¿Comprendiste?

—Fuerte y claro.

—¿Se te ofrece algo más?

—Por el momento no.

Colgó la llamada y dejó el teléfono sobre la mesa

con un gesto mecánico.

Sus ojos se desviaron hacia la simulación en 3D, donde el intruso continuaba moviéndose con la misma precisión inhumana.

Los nombres de sus rivales resonaban en su mente como un eco perturbador: *El Irlandés, Payaso Triste, Cobra*. No eran amateurs. Pero él tampoco lo era.

Sus logros, sus trofeos, sus experiencias.... eran un recordatorio constante de por qué estaba donde estaba.

Se permitió una leve sonrisa sombría.

—Tres jugadores nuevos en el tablero. —Murmuró, con su voz cargada de determinación— Bueno, nadie dijo que sería fácil. Habrá que improvisar en este juego.

Apagó la laptop, pero la habitación permaneció cargada de tensión.

Afuera, las olas del Golfo Pérsico rompían contra la playa, indiferentes al huracán que estaba a punto de desatarse.

CAPÍTULO 3. Obsesiones

La noche había caído sobre París, un manto oscuro que la ciudad parecía saborear. Bastián, con su chaqueta de cuero negro y su mirada fija en la pantalla de su computadora. En una oficina bastante desordenada en la sede de Interpol.

A su alrededor, mapas, documentos clasificados y fotografías de personas desaparecidas adornaban las paredes. No había tiempo para el orden.

No prestó atención a su compañero cuando entró. Su concentración era absoluta.

Su cara, marcada por años de trabajo en las sombras, parecía imperturbable, pero en el fondo de sus ojos se leía una historia no contada.

Sabía lo que iba a suceder. Había estado esperando esta llamada durante años.

Sabía que *"Mantix"* iba a regresar.

—Bastián... —La voz de su compañero, Paul, cortó el silencio de la oficina. —El rastro de Mantix ha aparecido en Doha. Es él. Estoy seguro.

Bastián levantó la vista, sus ojos oscuros como la noche que los rodeaba. Paul no necesitaba explicar nada más. Bastián lo sabía tan bien como él: Mantix, quién había desaparecido de la faz de la Tierra después de un robo perfecto, estaba de regreso en el centro de la escena.

El ladrón que siempre se escapaba en el último segundo. El fantasma que había estado persiguiendo durante más de una década.

No se trataba de una presa más. No, para Bastián. Había mucho más entre ellos.

Recordaba el primer encuentro con Mantix como si fuera ayer. El robo en la Galería de Arte Contemporáneo de Londres había sido su primer enfrentamiento directo. En ese entonces, Bastián aún no sabía quién era realmente Mantix, pero se dio cuenta de inmediato de que había algo inhumano en la manera en que se movía, en su habilidad para evadirlo, para hacer que cualquier traza de él se desvaneciera antes de que pudiera siquiera llegar a la escena.

Era como si siempre estuviera varios pasos adelante, anticipando todos y cada uno de sus movimientos.

Los dos se habían cruzado en una oscuridad densa, en la que solo se escuchaban las respiraciones rápidas y el eco de sus pasos sobre el pavimento mojado.

Era muy joven entonces, impulsivo, con la certeza de que podría capturar a esa misteriosa persona. Pero Mantix lo había dejado atrás con una sonrisa fría en su rostro, como si todo fuera un juego para él: *"No eres lo suficientemente rápido, Bastián"*. La voz de Mantix había resonado en su cabeza durante semanas.

Con el tiempo, Bastián fue aprendiendo, adaptándose. Pasaron los años, y cada vez que se cruzaba con Mantix, algo dentro de él cambiaba. La rabia, la frustración, la obsesión crecían, pero también lo hacían su astucia y su experiencia.

Cada encuentro parecía darle una pieza más del rompecabezas, pero a la vez, cada huella que seguía lo empujaba más lejos de la verdad.

Pero algo había sucedido cinco años atrás, durante la persecución en Mónaco. Mantix había dejado claro que no se trataba solo de una cuestión de robo, era personal.

Bastián había sido informado de que la clave de los robos de Mantix radicaba en algo mucho más grande: una red de corrupción internacional, que involucraba a líderes del poder económico.

Pero cuando finalmente Bastián fue emboscado por Mantix, en una torre de Mónaco tras una aparente persecución en la que se encontraron frente a frente. Una máscara cubría su rostro y con vos trucada mediante un modulador dijo… *"¿Qué estás buscando, Bastián? ¿La justicia? ¿Crees que realmente existe para mí? ¿La verdad?"*. Reía irónicamente con una frialdad desconcertante que Bastián nunca pudo descifrar. Y agregó: *"No todo lo que hago tiene que tener sentido para ti"*. Luego, y como siempre, Mantix se desvaneció entre las sombras.

Esta vez, Bastián ya no pudo seguirlo. Algo se rompió en él en ese instante. Fue la primera vez que pensó que tal vez nunca podría atraparlo.

Ahora en Doha. La obsesión que había alimentado durante años había regresado hasta alcanzar su punto de ebullición.

Cada noche sin éxito, cada segundo perdido, lo consumía.

No era solo un criminal; era el símbolo de todo lo que había perdido en su vida. La venganza y la redención se entre lazaban en su alma.

Mientras sus agentes se preparaban para desplegarse en el terreno de la persecución, Bastián no podía dejar de pensar en el primer robo en Londres.

En las miradas que intercambiaron ese día. En el desafío en los ojos de Mantix y su rostro oculto. Todo lo que había hecho en su vida, su exitosa carrera, el hecho de ser el agente que más conocía al criminal lo había llevado hasta este momento.

"Y si fallo una vez más". Repetía su inconsciente. Sentía que lo perdería todo.

El temor a fracasar se conjugaba con su sueño de atrapar a Mantix.

La causa lo impulsaba a seguir adelante, día tras día, en este juego peligroso: la necesidad obsesiva de cerrarlo, de ganar, de hacer justicia no solo para el mundo, sino sobre todo para darle un giro a su vida.

CAPÍTULO 4. Una maleta

Dentro, el aeropuerto de Ezeiza era un verdadero caos. Una multitud de hinchas argentinos lo llenaba con cánticos, banderas y energía explosiva, como si el lugar estuviera a punto de convertirse en un estadio improvisado.

Las filas interminables de viajeros en los boxes del check-in eran un revoltijo de camisetas celestes y blancas, banderas atadas como capas y vinchas con frases como *"Messi es Dios"* o *"Maradona eterno"*.

Parecía que todo el país estaba en camino al Mundial, y el aire vibraba con la euforia colectiva.

—¡En Argentina nací, tierra de Diego y Lionel, de los pibes de Malvinas que jamás olvidaré! —Rugían los hinchas al unísono, saltando mientras agitaban sus banderas.

Pipa, con su mochila al hombro, entró en la terminal con una sonrisa de oreja a oreja.

Aunque su vuelo desde Córdoba había llegado con retraso, nada podía opacar su buen humor. Apenas escuchó el cántico, se unió a la multitud con un entusiasmo que lo hacía destacar entre el gentío. Su voz grave resonó con fuerza mientras se movía al ritmo de los saltos y las palmas: —¡Vamos, vamos, Argentina! —Gritaba, perdiéndose por completo en la marea de hinchas que coreaban con el corazón en la garganta.

A pocos metros, en otra fila, Fernanda esperaba su turno para el check-in. Mientras observaba, como muchos, las pantallas gigantes que transmitían en tiempo real, los momentos decisivos del partido de cuartos de final.

La tensión era palpable. La tanda de penales había paralizado a todos en la sala. El bullicio tuvo su pausa obligada por la expectativa.

—¡Dibuuu! ¡Dibuuu! —Empezaron a corear cuando el arquero argentino, Dibu Martínez, atajó el penal de Van Dijk. Un rugido de alivio sacudió el ambiente.

Pero la verdadera explosión llegó con el disparo decisivo de Lautaro Martínez.

El grito llegó como una ola:

—¡¡¡GOOOOL!!! ¡VAMOS ARGENTINA!

Fernanda saltó en su lugar, besando el crucifijo que colgaba de su cuello. Su sonrisa era tan radiante como las luces del aeropuerto.

A su alrededor, las personas se abrazaban, algunos incluso lloraban de emoción. La energía en el ambiente era tan electrizante, que por un momento Fernanda olvidó que estaba en un aeropuerto.

Horas más tarde, el avión despegó.

La fiesta continuaba surcando el aire.

Los hinchas no paraban de cantar y de golpear cualquier cosa que les devolviera una percusión improvisada.

Cada tanto, alguien levantaba una copa de vino, como si estuvieran brindando en un bar en lugar de volar a miles de metros de altura.

Fernanda, sin embargo, había comenzado a sentirse incómoda.

Cuando la primera sacudida del avión la tomó por sorpresa, soltó un jadeo y se aferró al brazo del asiento.

Entonces vino otra turbulencia, más fuerte, que hizo que su rostro se pusiera pálido como una hoja de papel.

—¡Dios mío, nos vamos a morir! —Gritó, sin poder evitarlo.

A su lado, una adolescente —con audífonos colgando del cuello— la miró con una mezcla de ternura y diversión. Le tomó la mano con calma y le sonrió.

—Tranquila, señora. Esto pasa siempre —dijo, como si estuviera tranquilizando a una hermana menor.

Fernanda tragó saliva, sintiéndose un poco ridícula, pero no pudo evitarlo. Sus ojos iban de un lado al otro, buscando algo a lo que aferrarse, mientras los demás pasajeros parecían tranquilos, como si las sacudidas fueran parte del espectáculo.

Finalmente, el avión se estabilizó, y Fernanda soltó

el aire que no sabía que estaba conteniendo.

—Ya... todo bien. Todo bajo control —murmuró para sí misma, aunque su corazón seguía galopando.

Ya en Doha, la fiesta parecía haberse trasladado al aeropuerto.

Las cintas transportadoras estaban rodeadas de hinchas eufóricos, que cantaban mientras esperaban su equipaje.

Pipa, impaciente como siempre, se acercó a una maleta negra sin notar que tenía una cinta verde amarrada al asa y la tomó sin pensarlo dos veces.

Pero antes de que pudiera irse, una voz lo detuvo:

—¡Flaco, pará! ¿Qué hacés con mi maleta? —Gritó Fernanda, abriéndose paso entre la gente con una mezcla de enojo y sorpresa.

Pipa se giró con el ceño fruncido.

—¿Tu maleta? ¿Qué decís, nena? Esta es mía —respondió, levantando la maleta como si eso reforzara su argumento.

Fernanda lo fulminó con la mirada.

—¿Nena? ¿A quién le decís nena? ¡Dejá mi equipaje, ladrón!

Pipa soltó una risa incrédula, que parecía mezclar diversión y desprecio.

—Ah, ya sé quién sos, la histérica que gritó en el avión. ¿Ladrón yo? Sos una tarada.

Fernanda estaba a punto de replicar cuando un hombre cercano intervino, señalando la cinta transportadora:

—¡Paren, paren! Miren, hay otra maleta igual. Ambos miraron hacia la cinta, donde efectivamente otra maleta negra idéntica giraba olvidada.

Pipa arqueó las cejas con una sonrisa torcida, mientras Fernanda, sin ceder terreno, tiraba de la maleta con fuerza hasta que logró arrebatársela.

—Ahí tenés tu maleta, nenito —dijo con desdén, señalando la otra maleta—La mía es esta, con la cinta verde.

Antes de que Pipa pudiera responder, Fernanda dio media vuelta y se perdió entre la multitud junto a Carolina, una chica riojana a quien había conocido en la espera del vuelo de conexión. Pero antes de desaparecer del todo, levantó el dedo mayor de su mano derecha en un gesto rápido, aunque perfectamente visible.

Pipa se quedó inmóvil por un momento, mirando cómo ella se alejaba. Su estómago se revolvió con una mezcla de enojo, frustración y algo más. Algo que no podía explicar.

—¡Qué ojazos tiene, esa boca...! ¡y que curvas, tiene! —Murmuró para sí mismo, mientras se llevaba una mano al pecho, como si algo en él hubiera hecho clic. De inmediato negó con la cabeza, casi sacudiéndose el pensamiento.

—No, no. Está mina está loca. Llamarme ladrón ¿a mí?

Mejor que se vaya lejos.

Mientras tanto, Fernanda caminaba junto a

Carolina, y todavía se sentía indignada.

—Pero Fer, me pareció lindo el flaco, ¿a vos no? —Comentó Carolina con una sonrisa.

—¿Lindo? Por favor. No tiene nada en el cerebro. ¿Histérica yo? ¿Te parece? —Respondió Fernanda, con los ojos todavía chispeando de furia.

Carolina se encogió de hombros.

—Pasa que vos precisamente no le dijiste: "Hola, disculpa, flaco ese es mi equipaje". Se puede haber enojado porque le gritaste a viva voz ladrón delante de todos. Me parece que se te fue la mano un poco.

Fernanda bufó, pero luego suspiró. Pensó unos segundos y continuó.

—Ahora que lo decís... Reconozco que quizás sí me pasé. Qué lástima. Algo en él me llamó la atención. No sé, es raro Caro, tiene un... ¿No notaste esa nariz Caro?

Carolina soltó una carcajada.

—Fer, bueno ya está, recién lo odiabas al flaco. Y bueno, por algo pasan las cosas. Mejor olvídate y sigamos adelante.

Fernanda asintió, pero mientras se alejaba, su mente seguía regresando a esos ojos oscuros, esa nariz prominente pero que encajaba perfecta en ese rostro, esa sonrisa torcida que, por alguna razón, no podía olvidar, aunque lo intentara.

CAPÍTULO 5. Ciudad mágica

Doha brillaba como un sueño salido de las páginas de un cuento moderno. Las avenidas, impecables y perfectamente iluminadas, daban la bienvenida con un techo flotante de banderas ondeando suavemente, una para cada país participante en el Mundial.

Los edificios resplandecían con gigantografías de los jugadores, sus rostros convertidos en iconos del torneo. Las esculturas alusivas al fútbol se alzaban en cada esquina, como monumentos a la pasión universal por el deporte.

El aire cálido, suavizado por la cercanía del mar, parecía cargado de euforia, como si la ciudad misma vibrara al ritmo de los cánticos de los hinchas.

En el subterráneo, Pipa se apoyó en una de las agarraderas, sonriendo ante la energía contagiosa de los pasajeros.

Muchos de sus compatriotas, iban envueltos en banderas celestes y blancas, con camisetas que llevaban nombres icónicos: Messi, Maradona, Kempes. Improvisaban canciones mientras filmaban videos con sus teléfonos.

El viaje hacia el barrio Barwa Barahat, conocido entre los argentinos como Barwargento, era una fiesta itinerante. Al llegar, Pipa encontró el lugar tal como lo había imaginado. El complejo, aunque sencillo, respiraba vida. Las canchas de fútbol improvisadas entre los bloques de departamentos estaban rodeadas por áreas comunes decoradas con banderas y pancartas caseras.

Abundaba el mate, y hasta en ese rincón del universo el aroma a un improvisado asado. Allí, en ese pequeño rincón argentino del Golfo Pérsico, todo parecía posible.

En su departamento, Pipa compartía espacio con Sebastián, un arquitecto Neuquino que se jactaba de tener los mejores chistes de la Patagonia, y pronto conocieron a Daniel, oriundo de Bariloche, se hospedaba en un departamento contiguo al de ellos.

—¡Gente, miren esto! —Exclamó Pipa, levantando su celular con una sonrisa radiante

—Hay convocatoria de la hinchada para un banderazo en Souq Waqif. En el centro ¡Vamoos, que el movimiento se demuestra andando, vamos a alentar carajooo!

—¡Obvio! —Respondió Daniel mientras se ponía la camiseta.

El entusiasmo era imposible de contener.

En el centro de Doha, el mercado Souq Waqif se convirtió en el epicentro de la pasión argentina. Miles de hinchas, armados con banderas, bombos y gargantas inagotables, se reunieron para agitar el corazón de la ciudad con su característico fervor.

Los cánticos sorprendían a locales y turistas, que se detenían para grabar videos y sumarse al espectáculo con aplausos y sonrisas.

Las calles adoquinadas del mercado vibraban bajo el estruendo de las voces que gritaban:

—¡Ooooh, Argentina es un sentimiento, no puedo parar! En medio del gentío, Daniel chequeó su celular. Una notificación lo sorprendió.

—¡Ey, miren esto! —Dijo, mostrando la pantalla a Pipa y Seba.

El mensaje en una red social decía: *"¿SOS HINCHA DE ARGENTINA? ¿ESTÁS EN EL MUNDIAL? Participa en el sorteo de una de las 60 camisetas firmadas por todo el plantel, con la inscripción dorada 'Messi 10'. Es gratis, solo ingresa al link, acepta los términos y responde la encuesta".*

—¡Yo también lo recibí! ¡Wow, que diseño! Está tremenda esta casaca. ¿No la venderán? —Preguntó Sebas.

—¡No hay forma de que nos perdamos de esto! Les apuesto un buen asado para los tres para cuando regresemos a Argentina. Con un buen vino y postre incluido, a que yo me gano esta camiseta. Y si gana alguno de nosotros, sea quien sea, yo soy el asador— Agregó Pipa mientras completaba la encuesta.

—Acepto tu apuesta ¡Qué vas a ganar vos, cara con manija! Esa camiseta es mía. Contestó Sebastián.

— Ah, Ja, Ja, Ja, Ja—Daniel estalló en carcajadas.

—Callate vos. Brad Pitt del sub desarrollo. —Añadió Pipa.

—Sin pensarlo mucho, los tres completaron la encuesta, entre risas y cánticos. Una pregunta, sin embargo, les llamó mucho la atención.

—¿Por qué preguntarán si tenemos entradas para la semifinal contra Croacia? —Preguntó Daniel, frunciendo el ceño.

—Ni idea. Será por estadísticas. Qué me importa.

—¡Es una camiseta única, y con la réplica de las firmas de Messi y todo el plantel! —Respondió Pipa, restándole importancia.

El comentario quedó flotando en el aire mientras seguían celebrando entre la algarabía, el colorido y las canciones que se repetían.

★

Fernanda y Carolina disfrutaban de la playa.

El agua cálida y el cielo despejado ofrecían un respiro perfecto después del ajetreo del viaje.

Lucían camisetas de la selección argentina mientras bailaban al ritmo del cuarteto cordobés que sonaba con estridente fuerza desde un parlante portátil.

De pronto, un joven se acercó con una sonrisa tímida, pero con buena cadencia y ritmo en su cuerpo.

—Holaaa, me presento, soy Leo. Amo el cuarteto y soy Cordobés. ¿Puedo? —preguntó, extendiendo una mano hacia Carolina, con un gesto casi cómico de caballero antiguo.

Carolina rio, divertida.

—¡Claro, Nene! Pero... ¿vos... estás seguro de que vas a poder con nosotras dos? —Bromeó, señalando a Fernanda.

El cuarteto se transformó en un trío danzante. Leo intentó seguirles el ritmo, pero pronto estallaron en carcajadas al verlo tropezar consigo mismo. Entre risas, mates y chistes, el joven logró ganarse la simpatía de las chicas.

—Leo, pero si sos un nene, se te ve la cara. ¿Cuántos años tenés? — Preguntó Carolina, mientras le pasaba un mate.

—Diecinueve, ¡pero no os dejéis engañar por mi rostro!

¡No soy tan chico! —Dijo simulando un tono grave y español europeo

—Y contame. ¿Viniste solo al mundial? —Preguntó Carolina sorprendida.

—Lamentablemente No, somos una multitud— contestó Leo con ironía señalando hacia un grupo cercano—Vine con mis viejos y mi insoportable hermanita.

Fernanda observó al grupo, curiosa.

—¿Y aquel señor? ¿El de vestimenta típica quién es? —preguntó, señalando a un hombre de túnica blanca que parecía atraer todas las miradas.

—Ese un jeque local. Es muy cool, muy copado el hombre. Es fan de la selección argentina. Nos invitó a todos a cenar esta noche en su residencia. Les aviso que ustedes vienen conmigo. No acepto un "no" como respuesta —dijo Leo con una sonrisa cómplice.

Fernanda y Carolina intercambiaron miradas, sorprendidas.

—No te creo. Qué copado. ¿Es en serio Leo? —Dijo Fernanda intrigada

—No, es una broma. Pero claro que es en serio.

—Y bueno, nene. ¿Qué esperas entonces para enviarme la ubicación? —Preguntó Caro.

La residencia del jeque era majestuosa, como un palacio sacado de una película.

Los salones estaban decorados con detalles dorados y alfombras persas que se extendían hasta donde alcanzaba la vista.

La cena fue un despliegue de platos típicos, desde cordero especiado hasta dátiles bañados en miel.

Afuera, en el jardín, un improvisado DJ ajustaba su equipo mientras los redoblantes comenzaban a resonar en la noche.

—Fer, vení vamos al jardín. Quiero ver qué onda con esa música que proviene de afuera —dijo Carolina, dándole un codazo.

—Sí dale, vamos a bailar y de paso busquemos algo para beber. ¡Ah, mirá, ahí viene Leo!

—¡Holaaaa, reinaas! —saludó el joven,

acercándose con entusiasmo

—¿Reinas? Ja, Ja, Ja. ¡Sos chiquito pero chamuyero! ¿Se reía Caro?

—Vengan, acérquense, tengo que contarles algo muy, pero muy importante y secreto. Dijo gesticulando con ambas manos

—Sabes, Fer, el jeque está buscando esposa. Y me contó que está deslumbrado con tu belleza. Dice que quiere casarse con vos.

Fernanda lo miró, incrédula. El calor subió por su rostro mientras sus manos comenzaban a temblar y las pulsaciones se aceleraban.

Su sonrisa ya no estaba. Y por primera vez desde que llegó a Doha sintió que algo no encajaba. De pronto reaccionó:

—¡Pero qué decís, nene! ¡Esto es una locura! No me gusta para nada. ¡Yo me voy ya! ¿Vamos Caro? ¿O te quedas?

—¡Ah, Ja, Ja Ja!, ¡Espera, espera Fer! Era una broma. No te enojes —dijo Leo, riendo a carcajadas—. Te juro que el jeque no dijo nada. ¡Pero si hubieses visto tu rostro...!

Fernanda lo fulminó con la mirada.

—¡Idiota! No me causa gracia—dijo pegándole con su morral y dándole la espalda—. Estoy cansada, y la verdad es que sos muy, pero muy infantil Leo. Me quiero ir al hotel, necesito descansar. Me siento agotada.

—¡Noooo! ¡Por favor, no se vayan, no es tan tarde!

No se enojen, escúchenme por favor. Mañana paseamos en yate, ¡les envío la ubicación! —Gritó Leo sin obtener respuesta.

De camino al hotel, Fernanda reconoció a Pipa. Estaba sentado en el cordón de una vereda acompañado de dos extraños.

Algo en su postura, relajada pero melancólica, la hizo detenerse. Sin siquiera pensarlo, con una postura decidida camino en dirección a ellos

—Fer. ¿Qué hacés? Esperá —alcanzó a decir Carolina, temiendo que Fer volviera a increpar a Pipa

—Hola, chicos. Soy Fernanda y ella es Carolina.

—Flaco quería pedirte disculpas por lo de ayer. Fui grosera y no soy así. Lo siento. Te vi recién y no quise dejar pasar la oportunidad de disculparme. —Dijo Fer en tono cálido y sincero.

Daniel cruzó miradas con Sebastián.

Pipa abrió la boca, pero las palabras se le atoraron. Finalmente, Sebastián respondió por él:

—Eh… no hay problema. Él es Dani. Yo soy Seba. Y él mudo es Ignacio, pero todos le dicen Pipa.

Fernanda sonrió sonrojada

—Un gusto, chicos. Nos vemos pronto —Se despidió con un gesto amable.

Mientras se alejaba, Pipa se llevó las manos a la cabeza.

—¿Qué? Pero, ¿qué mier… me pasa? —Murmuró para sí mismo—. La veo y me nublo, no tengo palabras. Solo pienso en caminar con ella en la arena y bajo la luna...

Daniel soltó una carcajada y le dio una palmada a Pipa en la espalda, con la fuerza suficiente como para sacarlo de sus pensamientos.

—¡Epa! ¡Te pegó fuerte la piba, Pipa! Y te quedás sin palabras sí. Pero estás lleno de poesía flaco. ¡Ja, Ja,Ja! —bromeó, con una sonrisa amplia y burlona. —Pero dale, que mañana vas a tener revancha. Seguro la volvés a ver. Esta ciudad es muy chica. Y esto recién empieza.

Pipa dejó escapar una risa incómoda, pero no respondió. Seguía sintiendo una especie de nudo en el pecho, una mezcla de frustración, sorpresa y algo que no sabía cómo nombrar.

¿Qué le pasaba con esa chica? Era un *"Don Juan"* que había conocido a muchísimas mujeres en su vida. Nadie lo había trastocado de ese modo. Dejándolo con la cabeza dando vueltas, como si estuviera jugando al metegol.

—Sí, sí... capaz tenés razón, Dani —Dijo al fin, esforzándose por sonar despreocupado. Pero incluso a él le costó creerse esa mentira.

—¿Sabés qué, Pipa? Viejo, el destino no deja pasar estas cosas. ¿Notaste la mirada que te lanzó cuando se iba? —Dijo Sebas, agitando una ceja de manera exagerada.

—¡Déjense de joder los dos, manga de pelot...! —Protestó Pipa, aunque un leve sonrojo lo delató.

Se puso de pie con un solo movimiento,

sacudiéndose los jeans, como quien quiere librarse de las bromas

—Me voy a dormir, loco. Si quieren quedarse haciendo de Casanova, por mí, háganlo, pero yo mañana quiero estar fresco para seguir disfrutando.

Daniel y Sebastián intercambiaron miradas cómplices mientras Pipa se alejaba hacia el departamento.

—Sí, sí... *"fresco"* ¡Ja, Ja! —Dijo Daniel, imitando su tono y soltando otra carcajada.

Pero Pipa ya no los escuchaba.

Aunque quería convencerse de que no importaba, la imagen de Fernanda, su sonrisa tímida y la forma en que había bajado la mirada al disculparse seguían rondando en su mente.

Lejos de las bromas y la camaradería de Barwargento, el ambiente se sentía completamente diferente.

En un lujoso departamento frente al puerto deportivo, una figura solitaria estaba sentada en un sillón de cuero, con una tablet en las manos.

A través del ventanal que ocupaba toda la pared, las luces de la ciudad se reflejaban en el agua oscura, dándole al espacio un aire de misterio.

La única luz dentro del departamento provenía de

la pantalla de la tablet.

La figura, con una postura relajada, pero con algo de tensión a la vez, deslizó los dedos por el dispositivo.

Entonces, una notificación apareció en la esquina superior de la pantalla, acompañada de un sonido sutil pero insistente: *"Las máscaras hiperrealistas que encargó ya están en la zona de entrega. Recibirá otra notificación con el punto, día y horario exacto de retiro"*.

Los labios de la figura se curvaron en una sonrisa apenas perceptible.

El resplandor de la pantalla iluminó sus ojos, fríos y calculadores.

Se acomodó en el sillón, cruzando las piernas con elegancia, mientras seguía observando la notificación como si fuera una obra de arte que acabara de recibir.

Todo estaba saliendo según lo planeado.

Sobre la mesa de vidrio frente al sillón descansaban varios objetos: un pasaporte falso, un juego de llaves de auto, un par de guantes de cuero negro, y una pluma estilográfica que rodó ligeramente cuando la figura extendió la mano para apagar la pantalla.

Cada objeto parecía estar perfectamente colocado, como si fueran piezas de un rompecabezas que solo esa persona podía resolver.

La tablet quedó a un lado mientras la sombra se levantaba y caminaba hacia el ventanal.

La vista de Doha se extendía frente a su merced, brillante y bulliciosa, pero su atención no estaba en las luces ni en los edificios.

Su mente, tal como el resto de sus sentidos estaba enfocada más allá: los engranajes de su plan, las piezas que ya estaban en movimiento.

A lo lejos, una lancha pasó lentamente, dejando una estela que se desvanecía casi de inmediato.

Inclinó la cabeza, pensativa. Los nombres de los jugadores nuevos en el tablero, y quién sabe cuántos más, eran apenas detalles en un esquema mayor.

Pero a veces, incluso los detalles podían cambiar el curso de una partida.

En un rincón oscuro, sobre una mesa pequeña, una máscara descansaba junto a un mapa del centro de Doha.

—Siempre hay espacio para una sorpresa más —murmuró para sí mismo, con la voz cargada de una calma perturbadora.

Comenzó entonces con su rutina diaria de entrenamiento de calistenia, seguida por una profunda meditación y concluida con yoga.

Puertas afuera, el gentío permanecía absorto en el clima de fiesta mundialista, en los misterios y el encanto, de la maravillosa ciudad de DOHA.

CAPÍTULO 6. El robo

El regreso al departamento estaba envuelto en la típica euforia postfiesta. Daniel llevaba un bombo improvisado hecho con un balde de plástico de pintura, y Sebastián intentaba entonar alguna canción mientras Pipa se reía de lo mal que sonaba.

El barrio Barwargento seguía vivo, incluso a esas altas horas, con hinchas repartidos entre las áreas comunes y las ventanas abiertas, de donde salían cánticos esporádicos que parecían nunca acabar.

Sin embargo, al llegar al edificio, Pipa comenzó a buscar en sus bolsillos de manera frenética.

Su sonrisa habitual se desdibujó rápidamente, reemplazada por una mueca de preocupación.

—¡Che, esperen! —Dijo, deteniéndose en seco frente a la puerta del departamento.

Sebastián y Daniel voltearon, confundidos.

—¿Qué pasó ahora? —Preguntó Sebastián, ya con la llave en la mano.

Pipa revisó sus bolsillos una vez más, esta vez con movimientos más torpes. Primero el trasero, después los delanteros, incluso sacudió su mochila y la volteó de cabeza.

—No está... —Murmuró, claramente frustrado. Luego alzó la mirada hacia ellos

—¡No encuentro mi celular! .

Sebastián bufó y se cruzó de brazos buscando la mirada cómplice de Daniel.

—¿Y ese sonido?, parece una ambulancia —comentó Sebastián

Segundos antes, el silencio era quebrado solo por el zumbido de los reflectores que iluminaban el imponente Museo Nacional.

Ahora, la alarma resonaba como un grito de guerra, y las luces rojas intermitentes pintaban las paredes con un resplandor que parecía sangrar.

Mantix, con vestimenta negra y con una máscara sin rostro, se movía con precisión quirúrgica. En una mano sostenía un tubo cilíndrico que parecía inofensivo, pero en su interior guardaba el trofeo que todos codiciaban: la camiseta dorada con el grabado del N°10 de la selección argentina de fútbol.

Su escape estaba calculado al milímetro. Mientras los guardias corrían en su dirección, siguiendo rastros falsos que él mismo había plantado.

Se detuvo frente a una de las ventanas panorámicas del museo. Desde allí, la bahía de Doha se extendía como un espejo oscuro, reflejando las luces de los rascacielos cercanos. Con movimientos precisos, se inclinó y aseguró su arnés a un cable de acero sujeto en el otro extremo a la cima del edificio adyacente a unos de 300 metros de distancia.

La tirolesa inversa propulsada era una obra maestra de ingeniería. Enganchó el arnés a su cinturón y pulsó un botón. El cable comenzó a tirar de él con una fuerza brutal, lanzándolo al vacío. La velocidad era vertiginosa, y el viento cortaba su rostro mientras cruzaba suspendido la distancia entre el museo y el edificio vecino en cuestión de segundos. Por un instante, parecía un espectro deslizándose en el aire.

Pero no era invisible para Cobra. Desde una posición oculta en el tejado de un edificio contiguo, observó el movimiento de Mantix a través de un visor térmico. Sus labios se curvaron en una sonrisa depredadora mientras desenfundaba un rifle equipado con mira láser.

—No vas a escapar esta vez, hijo de puta —murmuró mientras apuntaba.

Mantix estaba a punto de llegar al tejado cuando el primer disparo zumbó cerca de su cabeza, rompiendo el silencio de la noche. El cable vibró por el movimiento instintivo de Mantix y tambaleó por un segundo, perdiendo ligeramente el equilibrio.

—¡Mierda! —Gruñó, apretando el arnés para estabilizarse mientras aceleraba los últimos metros.

Volvió a disparar, pero esta vez Mantix soltó el arnés justo antes de llegar al edificio, aterrizo rodando sobre la azotea. Corrió velozmente hacia al extremo opuesto del tejado, para alejarse de la visión de su atacante.

Mantix sabía que el tejado no era un lugar seguro por mucho tiempo

—Plan B —dijo apenas.

Desde el borde del edificio, divisó la bahía y las luces de los muelles cercanos. Sin detenerse, se lanzó al vacío, desplegando un pequeño paracaídas negro que lo desaceleró lo justo y necesario, tanto como para aterrizar con un estruendo en un muelle de madera.

—No me hagas bajar ahí, hijo de puta... —Gruñó pero ya estaba desenrollando una cuerda de su cinturón táctico.

Mientras descendía con agilidad, Mantix logró encender una de las motos de agua.

El motor rugió con fuerza, y el ladrón miró rápidamente sobre su hombro para ver como Cobra se acercaba a la bahía, pistola en mano.

La moto de Mantix salió disparada hacia la bahía, dejando una estela de espuma tras de sí.

La bahía se veía tranquila, sus aguas apenas ondulaban bajo el resplandor de la luz de luna.

Aceleraba, su cuerpo inclinado hacia adelante mientras zigzagueaba entre los postes de los muelles y los barcos amarrados.

A lo lejos, las luces de los rascacielos bailaban en las olas oscuras que eran creadas por las motos.

Pero Cobra no se quedó atrás. Había tomado otra moto de agua y lo seguía de cerca, el rugido de su motor casi eclipsando el de Mantix.

Empuñó su arma y disparó; las balas golpearon el agua cerca del fugitivo.

Mantix giró bruscamente para evitarlas, haciendo que la moto saltara sobre una ola.

—¿Es todo lo que tenés? —Gritó Mantix, aunque sabía que el verdadero peligro estaba demasiado cerca.

Cobra no respondió. Aceleró a tope, reduciendo la distancia entre ellos. Ahora podía ver claramente el tubo que Mantix llevaba cruzado en su espalda.

—Esa camiseta es mía, voy a hacerte pedazos —gritó, apretando el gatillo.

La bala pasó rozando el hombro de Mantix, arrancándole un gruñido leve por el dolor. Pero no se detuvo. Giró bruscamente con destino hacia un muelle repleto de botes muy cercano al centro de Souq Waquif.

Logró divisar cientos de hinchas argentinos en un banderazo y actuó de inmediato.

Lo siguió, su mirada fija en su presa.

—Ya casi te tengo, eres mío.

Pero antes de que pudiera disparar otra vez, Mantix saltó de la moto, rodando por el muelle mientras el vehículo seguía su curso y se estrellaba contra una columna de madera.

Corrió para perderse bajo una bandera gigantesca, entre cientos de hinchas que la sostenían y agitaban.

—¡Maldito fantasma! No te escondas, cobarde —gritó con furia. Giraba su cabeza desconcertado, a un lado y al otro.

La multitud abarrotada en Dhow Harbour era el escondite perfecto.

El banderazo agitaba la atmosfera. El aire parecía vibrar con la pasión de los hinchas.

El eco de los cánticos argentinos era estruendoso a lo largo de la avenida Corniche, como una marea de celeste y blanco que no parecía tener fin.

Gritos, bombos, y las sonrisas de los fanáticos se combinaban en un mar de emociones.

Mantix, con paso calculado, avanzaba por la acera. Sus ojos afilados, como siempre, escaneaban el entorno identificando cada posible amenaza y atentos a la posición de Cobra.

En milisegundos observó a un vendedor ambulante, un hombre de rostro cansado que ofrecía sombreros, bufandas y banderas.

Se mezcló con la multitud en un parpadeo y con una precisión quirúrgica se acercó al hombre, como si fuera parte del paisaje.

Sacó dos billetes de 100 dólares de su bolsillo y con un gesto casi indiferente, lo deslizó en la mano del vendedor.

Sin decir una palabra, tomó un sombrero de ala ancha, y una bandera argentina enorme que colgó de sus hombros hasta casi rozar el suelo.

El vendedor desconcertado intento seguirlo para darle el cambio, pero no pudo dejar su puesto.

Nadie lo miraba dos veces, no había nada en su apariencia que despertara sospechas.

Haciendo gala de su fama. Según una vieja teoría de Bastian. Mantix, había escogido su seudónimo de un insecto: *"La Mantis religiosa"*. Por su extraordinaria capacidad de mutar, camuflarse con el entorno, y desaparecer de la vista de sus depredadores.

En ese instante Era solo otro fanático, como tantos otros. La multitud lo había absorbido por completo, y con ello, cualquier rastro de su identidad se desvaneció.

Mientras tanto, el caos de los festejos continuaba. El rugido de los hinchas no se detenía:

"¡Muchachos, ahora nos volvimos a ilusionar!", cantaban, una y otra vez, como si fuera un mantra que no terminaba.

Cobra, con su mirada implacable, estaba a escasos cincuenta metros, pero no lo sabía, observando cada movimiento con su mirada implacable.

Había algo inquietante en su presencia, un aura de peligro constante.

No era un fanático, no era parte de la celebración; su única misión era cazar.

Y cuando los ojos de Cobra se posaron en la marea humana, supo que Mantix se había desvanecido una vez más.

Pero no se rendiría nunca. No ante un fantasma.

En ese momento Payaso Triste, pudo reconocer a Cobra en actitud sospechosa.

"Mmm, está tras la camiseta, estoy seguro. Tengo que seguirlo ...Aunque debo ser extremadamente cuidadoso",

pensó, con una mueca apenas perceptible que denotaba cierta inseguridad.

Sucede que a veces, hasta los cazadores dudan en atacar... Sobre todo, si la presa, se encuentra entre las más letales que se conozcan.

CAPÍTULO 7. Confucio

En Barwargento continuaba el desconcierto de Pipa...

—Flaco, siempre igual. Primero tu maleta, ahora tu celular, ¿dónde tenés la cabeza, loco?

—No me jodas, Seba. Lo tenía en el banderazo, estoy seguro —respondió, mientras revisaba los bolsillos de la campera una vez más, aunque ya sabía que no iba a encontrar nada allí.

—¿Seguro no lo tenés en la mochila? —Preguntó Daniel, acercándose para ayudar y poner un coto de Paz.

Pero Pipa explotó:

—¡Ya la revisé, Dani! —Respondió Pipa, con un tono entre desesperado y molesto.

—Préstame tu celular, Dani. Voy a llamar al mío. Capaz alguien lo encontró y Dios mediante me lo devuelva.

Daniel asintió y le pasó el teléfono.

—Tomá, pero no lo pierdas, ¿eh? —Bromeó, tratando de aliviar un poco la tensión.

Pipa resopló, ignorando el comentario, y marcó rápidamente su número. Se llevó el teléfono al oído mientras los otros dos lo observaban en silencio. El tono de llamada sonó una vez... dos veces... y entonces, alguien atendió.

—Hola, ¿quién habla? —Preguntó una voz femenina, joven y clara, con un marcado acento argentino.

Pipa se quedó mudo por un segundo, sorprendido de que alguien realmente hubiera respondido.

Sebastián y Daniel lo miraron expectantes.

—Eh... hola, soy Ignacio. Este... estás contestando mi celular. Lo perdí en el centro, durante el banderazo —respondió, tratando de sonar calmado, aunque la emoción se notaba en su voz.

—¡Ah, sí! Lo encontré tirado cerca de la acera. Flaco, tuviste suerte de que lo encontré yo y no algún amigo de lo ajeno. Pensé que el dueño no tardaría en llamar para recuperarlo. — Respondió la chica, con un tono relajado.

—¡Gracias, de verdad! —dijo Pipa, dejando escapar un suspiro de alivio. —¿Dónde estás? ¿Cómo hacemos para que me lo devuelvas?

—Estoy en el complejo Barwargento, en el bloque tres. Si querés podemos encontrarnos por la mañana en la cancha lindera al comedor común. O si preferís, vení a buscarlo a mi departamento te envío la ubicación.

Pipa no pudo evitar sonreír. Qué suerte que el celular había caído en manos de alguien honesto.

—¡Claro, de una! Enviame tu ubicación. Mañana a

primera hora lo paso a buscar. Mil gracias de nuevo... eh, ¿tu nombre? De la emoción casi se me pasa preguntar tu nombre.

—Yo soy Juliana, pero todos me dicen Juli. Nos vemos mañana, entonces. Que descanses.

—¡Vos también, Juli! Hasta mañana. Pipa colgó y dejó escapar un largo suspiro mientras devolvía el teléfono a Daniel.

—¿Y? ¿Quién lo tiene? —Preguntó Sebastián, con los brazos todavía cruzados.

—Una piba argentina, Juli. Lo encontró en el Souq y está parando acá en el bloque tres. Me lo devuelve mañana temprano. Daniel le dio otra palmada en la espalda, esta vez más fuerte.

—¿Viste, loco? Tenías que relajarte. El Barwargento siempre te salva.

Sebastián sonrió con cierta picardía.

—¿Y cómo es Juli? ¿Linda?

—¡No seas pelotudo! Ni la vi, solo hablé con ella —respondió Pipa, aunque algo en su tono dejó entrever una leve curiosidad.

Los tres rieron mientras entraban al departamento, y Pipa se dejó caer en el sillón con una mezcla de alivio y cansancio.

—Mañana lo primero que hago es ir a buscarlo. Después sí, puedo pensar en otra cosa.

Al otro lado del complejo, Juliana estaba sentada en el balcón de su departamento, sosteniendo el celular de Pipa en la mano.

Había algo en ese chico que la intrigaba, aunque solo lo conocía por un par de mensajes y la breve conversación telefónica.

El celular, con su carcasa azul gastada, parecía hablar de una personalidad desordenada pero auténtica.

Sonrió mientras pensaba en el encuentro del día siguiente. Tal vez no era más que un favor rápido, pero había algo emocionante en esa conexión casual, en ese cruce de caminos en un rincón tan distante del mundo.

A media mañana del día siguiente, Juliana y Chechu desayunaban en la sala común del bloque tres, en el complejo Barwargento.

La mesa estaba cubierta con tazas de café con leche, torta y unos restos de medialunas.

Entre sorbos y risas, charlaban sobre los hinchas que habían conocido en el banderazo del día anterior.

Sobre la mesa, el celular de Pipa descansaba silencioso, completamente cargado. Juliana lo había puesto allí después de revisarlo para asegurarse de que funcionara bien.

No tenía idea de por qué, pero cada vez que veía el teléfono, sentía cierta responsabilidad, como si le hubiera tocado cuidar algo más que un simple aparato.

De repente, el celular comenzó a sonar, interrumpiendo la charla.

Ambas se inclinaron hacia él al mismo tiempo, leyendo el nombre que parpadeaba en la pantalla: "Abu Coca".

—¿Atendés vos? —Preguntó Chechu, empujando el celular hacia Juliana con una sonrisa traviesa.

—¿Y yo por qué? ¡Vos también sos parte de esto! —respondió Juliana, sacudiendo la cabeza.

El celular dejó de sonar, pero apenas pasaron unos segundos antes de que la llamada entrara de nuevo.

Juliana suspiró y, resignada, levantó el teléfono.

—Hola... ¿quién habla? —dijo, tratando de sonar tranquila.

Al otro lado de la línea, una voz femenina explotó como un volcán:

—¡¿Qué quién soy yo?! ¡¿Quién sos vos?! ¡¿Y Por qué tenés el celular de mi nieto?! —Espetó la voz de Coca, cargada de furia y preocupación.

Juliana se inclinó hacia adelante, llevándose la mano libre al pecho para calmarse.

—Señora, tranquila. Su nieto perdió el celular en la calle, yo lo encontré, pero ya está todo arreglado. Hoy va a venir a buscarlo —respondió con un tono sereno, tratando de calmar a la mujer del otro lado.

Hubo un breve silencio, y luego un resoplido.

—Ah... ¿Y cómo sé que es cierto lo que decís? ¿Y si sos cómplice de secuestro y está encerrado en un sótano? ¿Por qué no me contestaste antes?¡llamé dos veces!

Juliana se mordió el labio para no reír.

—Estaba desayunando señora. Mi nombre es Juliana...

¿Quiere que le envíe una foto de mi identificación? ¿O hacemos una videollamada? Mire, yo solo quería ayudar. Su nieto llamó anoche para coordinar que le devuelva hoy el celular —Explicó con paciencia, mirando de reojo a Chechu, quien se tapaba la boca para no estallar en carcajadas.

De pronto, el tono de Coca cambió completamente. Ahora sonaba casi maternal, cálida, como si hubiera pasado del enojo al agradecimiento en un instante, y no paraba de hablar.

—¡Ah, querida, sos un sol! Discúlpame, realmente pensé lo peor. ¡¿Y si lo habían secuestrado?! ¿Vos sabés lo que se sufre del otro lado del mundo sin saber nada de tu único nieto? Este chico no sabe ni dónde tiene la cabeza. Pedile por favor te lo ruego que me llame, por favor. ¡Y gracias, gracias querida, de corazón te digo gracias!

Juliana sonrió.

—Claro, no se preocupe. Él la va a llamar en cuanto nos encontremos. Creo que no tarda en llegar. Que tenga buen día, señora.

—¡Coca! Llámame Coca, nena. Que tengas un excelente día —dijo la abuela.

Antes de cortar la llamada, estallaron a carcajadas

que venían conteniendo y ya no pudieron evitar.

—¡Qué personaje esa Coca! Ya quiero conocerla —dijo Chechu entre risas.

Pocos minutos después, alguien golpea la puerta del departamento con insistencia. Denotaba un carácter ansioso o de impaciencia.

Pero al abrir la puerta Pipa se mostraba con una sonrisa amplia y un aire despreocupado, como si nada en el mundo pudiera alterarlo. Saludó con entusiasmo, y las chicas respondieron con dos besos, uno en cada mejilla, una costumbre típica del norte de Argentina.

Sin poder evitarlo, Juliana sintió estremecerse cuando sus mejillas rozaron las de él. Había algo en su presencia que la hacía sentir incómodamente consciente de cada detalle.

—¡Pipa, ¿te puedo decir Pipa no? ¡Llama ya a tu abuela! Te tiene entre ceja y ceja —le advirtió Juliana, riéndose.

—¡Ja, ja! Sí, ya sé cómo es mi Abu. Ya mismo la llamo —respondió Pipa, tomando el celular y saliendo al pasillo para marcar el número de Coca.

Unos minutos después, regresó con una expresión radiante.

—¡Gané! —Anunció, levantando el celular como si fuera un trofeo.

—¿Qué ganaste? —Preguntó Chechu, levantando una ceja con curiosidad.

—¡La camiseta firmada! Me llega hoy al departamento, o puedo pasar a buscarla por una oficina de logística. ¡Y eso no es todo chicas que les cuento!... Hay dos personas, no quiero decirles quiénes son, pero ellos si saben que tienen que pagar una apuesta: "un asado para tres personas, con buen vino y postre incluido... ¡Ja, Ja, Ja! ¡Se los dije!

—¡No puede ser! ¡No jodas Pipa, no puede ser! ¡Qué suerte la tuya! —Exclamó Daniel— Te envidio, hermano. Vamos todos a buscarla, ya quiero probármela.

—¡Sí, vamos con ustedes!, ¿Sí? ¿Podemos? —Preguntó Chechu, cruzando miradas cómplices con Sebastián.

—Claro —contestó Sebastián sonriendo con la mirada fija en los ojos de Chechu.— Sí, además después podemos ir al centro o a la playa, falta mucho todavía hasta el partido.

—Dale, Juli, vamos, llevemos el mate y vemos que surge.

★ ★ ★

Eran momentos cruciales en el Museo Nacional de Catar: el caos reinaba. Las vitrinas de exhibición, que habían albergado la camiseta dorada de la selección argentina de fútbol, estaban vacías. En su lugar, alguien había dejado una prenda negra con una única inscripción en el frente: *"Mantix"*.

Los reporteros y las patrullas policiales se amontonaban en las afueras del edificio, mientras el personal cerraba el acceso a los curiosos que comenzaban a llegar en masa.

Bastián ya estaba en Doha tras la pista de Mantix y cuando recibió la notificación en su teléfono.

—¡Otra vez! Lo hizo de nuevo este hijo de la gran... —Murmuró para sí mismo, mirando la pantalla.

Sintió una opresión en el pecho, pero trago saliva y decidió mantenerse firme delante de sus subordinados.

Bastián llega al Museo, cuando ve el nombre en el frente de esa camiseta negra, sabe con certeza que: no se trata solo de un robo, es una provocación directa. Mantix siempre elegía objetos icónicos... ahora había elevado su juego al llevarse la camiseta más deseada del Mundial.

A la mañana siguiente, el robo de la casaca, ocupaba el horario central en los principales noticieros y portales online del mundo.

El sol del mediodía, presagiaba un paseo deslumbrante en uno de los yates que navegan por la bahía de Doha.

Fernanda y Carolina disfrutaban del imponente paisaje. Desde la cubierta, alguien con una máscara de Messi y una bandera que cubría su torso saluda al grupo con un gesto exagerado, casi provocativo antes de desaparecer en el interior de su camarote.

—¿Y ese quién será? —Inquirió Fer.

—Ni idea, personal que trabaja para el Jeque supongo Allí, con un halo de misterio, el personaje trabó la puerta.

por dentro, se quitó la máscara, desenrolló un tubo de cuero y dejó caer su contenido sobre una mesa: la camiseta robada.

La extendió cuidadosamente, tomando fotografías desde diferentes ángulos y luego subió las imágenes a una aplicación de la Dark Web. El mensaje era simple pero contundente y se replicaba en varios idiomas:

"Que comience la subasta."
"Let the auction begin"
"Lasst die Auktion beginnen"
"Que les enchères commencent"
"Che l'asta abbia inizio"

Desde la cubierta, Fernanda se distrajo, mirando hacia la playa. Allí, entre risas y gritos, pudo divisar a Pipa que jugaba al fútbol con otros hinchas.

Había algo en la manera en que reía y se movía que la hizo detenerse. Por un momento: no escuchaba la música, ni los cánticos, el resto del mundo pareció desvanecerse.

De pronto, Pipa cayó por una zancada de una jugadora rival y rodaron juntos en la arena entre carcajadas.

—Fer, ¿qué haces? ¡Vamos, déjalo en paz a ese flaco! —Dijo Carolina, tirándola del brazo con una sonrisa y sacando a Fer del transe.

Fernanda asintió, pero su mirada se quedó fija en Pipa unos segundos más.

Había algo en él que la atraía de una manera que no podía ignorar. Y la jugadora, la de la zancadilla, comenzaba a intrigarla.

—¿De dónde salió? —Susurró sin poder apartar la vista.

—¿Qué decís? Preguntó Caro que alcanzó a percibir el murmullo.

—Caro, digo que en el aeropuerto no estaba esa chica con Pipa. Tampoco cuando nos encontramos en el centro con ellos. La tiene que haber conocido hoy. ¿No te parece?

—Tiene lógica. Aunque no sé qué me estás preguntando.

—¿Qué querés que te responda? ¿Te haría feliz que te diga que sí?, te digo que sí. Pero dale, disfrutá del momento Nena. Pareces celosa. y vos con el pibe no tenés relación. Al menos hasta ahora. Fernanda hizo silencio, reflexiva.

En ese instante, las primeras notas de "A Sky Full Of Stars" comenzaron a resonar en la Popa. Caro se puso de pie, tomó de la mano a Fernanda y comenzaron a cantar y a bailar junto con todos los presentes, copas en alto, mientras el sol caía sobre el mar creando en una escena increíble, digna de una postal.

CAPÍTULO 8. Corazón argento

La noche de semifinales en el Mundial era más que un evento deportivo: era una experiencia inigualable. El estadio Lusail, con su forma circular perfecta y su anillo dorado que reflejaba las luces de la *"Ciudad del Futuro"*, brillaba como si fuera el corazón palpitante de todo el planeta.

Desde kilómetros a la redonda, el eco de cánticos y tambores llenaba el aire, mientras miles de hinchas caminaban hacia sus asientos con banderas atadas al cuello como capas de superhéroes.

En cada rincón del mundo, los ecos de la fiebre albiceleste resonaban.

En Kerala, India, la gigantografía de Messi flotaba sobre una diminuta isla en un río, con velas encendidas alrededor como si se tratara de una ceremonia sagrada.

En Rosario ciudad Natal de Leo Messi, un helicóptero ondeaba la camiseta argentina más grande jamás confeccionada, una obra de arte creada por trabajadores locales.

En Nápoles, donde el nombre de Maradona aún es sinónimo de Dios, las calles vibraban con cánticos.

Dentro del estadio, Fernanda y Carolina observaban la magnitud de todo desde el palco reservado por el jeque. Era como estar en otro mundo.

La vista desde allí parecía irreal: un mar de camisetas celestes y blancas, bombos resonando como tambores de guerra, y la hinchada, más vibrante que nunca, liderando la fiesta.

Leo, que se defendía bastante bien en Ingles, se entendía de maravillas con el Jeque. Les guiño un ojo y se acercó a las chicas abriendo sus brazos de par en par con la sonrisa picaresca de siempre.

—Holaa... Bienvenuti, welcome. ¿Qué cuentan, las más bellas de DOHA? ¿Qué les parece mi palquito? —Preguntó exagerando el gesto de galán.

—¡Ja,Ja! Leo, te pasas. Que embustero. Esto es genial ¡Un sueño! Pero no te hagas el canchero. vos también sos invitado—dijo Carolina extasiada por el lujo y el confort de ese palco-habitación-cocina-bar.

—¿Mi embusterou? Usted me confunde con alguien más, señorita. ¡Ja, ja! Ahora, en serio: El Jeque me pidió que les diga que esta noche es especial. Cualquier cosa que necesiten, no duden en pedirla. Están es su casa.

—Wow. ¿De veras? ¡Gracias por todo! Su hospitalidad es increíble —respondió Carolina.

Fernanda, sin embargo, estaba distraída. Había algo en el bullicio, en la energía del estadio, que la hacía sentir que todo podía pasar esa noche.

—¡Mirá, Caro! —dijo, señalando hacia las tribunas

de abajo—. ¿No es ese Pipa? ¿Y la chica a su lado? Otra vez esa piba....

Carolina la miró de reojo, con cara de pocos amigos. Aunque notaba el leve fruncimiento en el ceño de Fernanda.

—Eso parece, sí, y esa camiseta que luce... está fabulosa.

Me encanta. Pero otra vez... ¡Ubicate, nena! ¡Déjalos en paz!

—Tenés razón, el flaco no me registra. Seguro es su novia —repitió Fernanda, desviando la mirada con una mezcla de irritación. y algo más que no quería admitir.

Carolina sonrió, divertida.

—¡Dale, Fer, dejate de hacer la dura! —Bromeó, dándole un codazo.

Fernanda cruzó los brazos y murmuró algo para sí misma, pero antes de que pudiera responder, el árbitro dio el pitazo inicial.

El partido comenzó con Argentina tomando el control desde el primer minuto. Cada pase de Messi era coreado como si fuera un gol, y la tensión en el estadio crecía con cada jugada.

En el minuto 31, Enzo Fernández filtró un pase que dejó a Julián Álvarez solo frente al arquero. El estadio contuvo la respiración mientras el delantero corría con el balón. Entonces, el arquero croata lo embistió.

El grito de la hinchada fue unánime:

—¡PENAAAL!

El árbitro señaló el punto, y el estadio Lusail explotó en júbilo.

Desde las tribunas, Pipa tenía el corazón a punto de salirle por la boca.

Mientras Messi se preparaba para ejecutar, el estadio entero cayó en un silencio sepulcral. Era como si el tiempo se hubiera detenido.

Messi dio un par de pasos y disparó. El balón cruzó al ángulo, imparable.

El grito de gol fue tan fuerte que pareció sacudir los cimientos del estadio.

—¡GOOOOOOOL! —Gritó Pipa, saltando y agitando los brazos como un loco. Su voz se quebró, pero era lo de menos.

Desde el palco, Fernanda sintió cómo una ráfaga de energía atravesaba su cuerpo.

Sin notarlo, estaba de pie, gritando junto a Carolina, quien la abrazaba como si se conocieran desde siempre.

Minutos después, Julián Álvarez tomó el balón y tras una serie de rebotes afortunados. Con una frialdad asombrosa, definió aumentando el marcador.

Segundo Gol.

—¡GOOOOOL! ¿QUE GOLAZO! ¡Qué grande ARAÑA!

¡Este pibe es un crack! —Gritó Daniel, abrazando a Pipa mientras la tribuna vibraba con cada salto de los hinchas.

Luego del descanso intermedio, arrancó la segunda etapa del partido. Minutos más tarde, todo el estadio se paralizó cuando Messi tomó el balón en el mediocampo.

Pegado a la banda derecha, arrancó con esa cadencia que solo él tiene, como si el balón estuviera atado a su pie.

El defensor croata Gvardiol intentó detenerlo, pero Messi zigzagueo una, dos, tres veces.

Protegiendo el balón con el cuerpo, giró, lo desbordó, y aceleró hacia el área.

Con un pase perfecto, habilitó a Julián Álvarez, quien definió con tranquilidad.

Tercer gol.

El estadio estalló de nuevo.

—¡GOOOOOOOL! ¡GENIO, GENIO, GENIO, ALLÍ TIENEN JETONES! ¡TOMEN HIJOS... DE LA GRAN... P...! —Gritó Daniel, con los ojos llenos de lágrimas.

Se llevó las manos a la cabeza, incrédulo ante lo que acababa de ver.

—¡Dani, calmate! —Dijo Pipa, sujetándolo por el hombro mientras trataba de recuperar la voz tras tanto gritar.

—¡Ya está, loco, ya está! ¡Somos finalistas! ¿Qué te pasa?

Pero Daniel no podía contenerse. Entre lágrimas, comenzó a hablar, su voz rota por la emoción.

—Este tipo... este tipo lo merece, ¿sabés? Todos

ellos lo merecen. ¿Cómo puede haber gente que aún los insulte? ¿Que los cuestione? ¿Viste lo que hizo Messi? ¡¿Viste ese baile a uno de los mejores defensas del mundo, con quince años menos que él?! —respiró hondo, temblando.

—Hay gente que solo quiere verlos caer, Pipa. Gente mezquina, resentida, que mezcla todo: política, odio, frustración. No los entiendo.

Pipa lo escuchó en silencio. Luego le puso una mano en el hombro, con una sonrisa leve.

—Mirame, Dani.

—Hay gente que vive del odio. Pero ese odio no es tuyo, ni mío, ni de Messi. Es de ellos. Nosotros no podemos hacernos cargo del sentimiento ajeno. Solo podemos disfrutar de esto, loco. Estamos acá, ¿no? Después de todo lo que vivimos. Después de todo lo que sufrimos. ¡Estamos acá! ¡Vinimos a apoyar por que creemos!

—¡Vaamos! —Gritó, sacudiendo a Daniel tomándolo de los hombros.

—¡Esto es para ustedes también! —Agregó Pipa persignándose y señalando con sus dos dedos índices al cielo visiblemente emocionado.

Daniel lo miró, aún con ojos brillantes, y soltó una carcajada nerviosa.

—¿Cuántos años me dijiste que tenés? ¿Sos la reencarnación de mi abuelo?

—No, boludo. —Respondió Pipa con una sonrisa leve.

—Solo hago terapia desde hace mucho tiempo. — Se hizo un breve silencio.

Pipa bajó la mirada y continuó, con un tono más para sí mismo.

—Perdí a mis viejos y a mi hermanita cuando yo tenía cuatro años. Fue en un accidente.

—Desde entonces mi abuela es mi única familia. Pero.... esa es otra historia que algún día te voy a contar. Daniel no dijo nada.

Solo lo abrazo con fuerzas, como si Pipa fuese un hermano que acabara de reencontrar, tras un largo tiempo de desarraigo.

CAPÍTULO 9. ¿Una Pista?

La celebración en el estadio Lusail tras la victoria de Argentina era un caos controlado: una mezcla de euforia y desenfreno. Los cánticos de los hinchas se elevaban como una sola voz, mientras las banderas celestes y blancas ondeaban sin descanso.

Las cámaras de televisión capturaban cada momento: lágrimas de alegría, abrazos interminables y saltos descontrolados en las tribunas.

Pero entre toda esa algarabía, una cámara captó algo un tanto peculiar. Durante la transmisión oficial en vivo del evento, una de las tomas, mostró a un joven que gesticulaba con energía, mostrando orgullosamente una camiseta que parecía idéntica a la robada del Museo Nacional de Catar.

En una sala de control a pocos kilómetros del estadio, Paul asistente y mano derecha de Bastián observaba un panel de monitoreo de cámaras y de la transmisión en directo.

Sus ojos se entrecerraron al notar el detalle, y rápidamente tomó una captura de pantalla.

—Esto tiene que ser una pista —gruñó Bastián al otro lado del teléfono, su voz grave y tensa.

—Quiero controles de salida.

—Detengan a todos los que lleven esa camiseta. ¡Clausuren el estadio de ser necesario!

Paul, acostumbrado a las órdenes tajantes de su jefe, no perdió un segundo.

De inmediato, los agentes de seguridad se desplegaron por las salidas del estadio, revisando a los hinchas y deteniendo a cualquiera que llevara una camiseta similar.

Entre los detenidos estaba Pipa, que forcejeaba inútilmente con dos oficiales mientras lo escoltaban fuera de las tribunas.

—¡¿Qué hacen?! ¡Yo no hice nada! ¡Déjenme! —gritó, con la voz quebrada por la mezcla de enojo y confusión.

Sebastián y Daniel intentaron intervenir, pero los agentes no les dieron oportunidad.

—¡Eh, pará! ¿Qué les pasa? ¡Es nuestro amigo! ¿Qué están haciendo? —Protestó Sebastián, pero un oficial lo empujó con fuerza.

En las gradas, Fernanda y Carolina observaban la escena con preocupación. Fernanda se inclinó sobre la baranda, tratando de entender qué estaba pasando.

—Qué… pero ¿qué pasa?, ¿qué están haciendo? —Preguntó Caro, señalando hacia los oficiales que escoltaban también a un niño acompañado por sus padres. Lucía la misma camiseta, pero le quedaba gigante, tanto, que llegaba hasta sus tobillos.

—Están deteniendo a cualquiera que lleve puesta

esa camiseta hermosa. No entiendo nada... —murmuró Fernanda, con el ceño fruncido. Carolina la miró con firmeza.

—Tenemos que hacer algo. El jeque puede averiguar qué es está locura, que está pasando.

—No sé Caro... no me gusta deber favores, además que lo ayuden sus amigos... o su novia —respondió Fernanda, cruzando los brazos.

Pero su mirada seguía fija en Pipa, que desaparecía entre los pasillos del estadio.

—Fer, mirá la desesperación de sus amigos. —Dijo Carolina, con la voz más seria que de costumbre.

—Te hago una pregunta: ¿qué harías si fuera yo la que se llevan detenida?

Fernanda tragó saliva.

Finalmente, suspiró, rindiéndose ante el peso de su propia preocupación.

—Bueno, dale. Si podemos ayudar, hagámoslo.

Minutos después, un emisario del jeque regresó con noticias, escoltado por dos agentes de seguridad.

—Gracias a la intervención del jeque, Ignacio será el primero en declarar.

Fernanda sintió un leve alivio, aunque la inquietud no desapareció por completo.

En una sala improvisada dentro del estadio, Bastián caminaba entre los más de cuarenta detenidos.

Hombres, mujeres... incluso niños estaban sentados en filas en sillas dispuestas de manera improvisada. Todos con la misma camiseta.

El veterano investigador de la Interpol observaba cada rostro con detenimiento, buscando algún indicio de culpabilidad, algo que le indicara quién podía estar detrás del robo.

Paul se acercó para informarle con reserva, sobre la intervención del jeque. Bastián frunció el ceño.

—Es cuanto menos sospechoso que un jeque con influencias intervenga en este asunto —dijo, mientras su mirada se posaba en uno de los detenidos.

—Muy bien, Paul. Ahora tráeme al protegido del Jeque... ese de la nariz rara—añadió, señalando a Pipa con un leve movimiento de la cabeza.

Pipa estaba sentado al otro lado de una mesa metálica. Sus manos nerviosas tamborileando contra la superficie.

Sus ojos iban de un lado a otro, tratando de descifrar las intenciones del hombre que se sentó frente a él.

—¿Qué hago acá? ¿Por qué me detienen? —preguntó, con un tono que oscilaba entre el miedo y la frustración. Bastián lo observó con la calma fría de un cazador.

—Tranquilo. No estás detenido, al menos no todavía. Pero necesito respuestas —dijo, su voz cortante y directa.

—¿De dónde sacaste esa camiseta?

—La gané en un concurso de redes sociales. Aquí tengo los mensajes —respondió Pipa, sacando su celular con manos temblorosas.

Bastián tomó el dispositivo y, con un gesto, le pidió que lo desbloqueara. Luego le extendió un formulario para firmar.

—Necesito tu consentimiento para analizar el contenido. Pipa, aunque reticente, accedió.

—Cuéntamelo todo —ordenó Bastián, mientras revisaba el historial del concurso y las capturas de pantalla que Pipa había guardado.

Pipa le explicó cómo completó la encuesta, cómo recibió el mensaje confirmando que era uno de los ganadores, y cómo recogió la camiseta en un punto de logística del complejo.

Bastián escuchaba en silencio, tomando notas mentalmente.

Una hora más tarde, Pipa fue liberado bajo la custodia de dos emisarios enviados por el jeque.

Cuando llegó al hotel ubicado dentro del estadio, Pipa todavía tenía el cuerpo tenso.

Apenas cruzó el lobby, vio a Fer y Caro esperándolo cerca de los ascensores.

Fernanda lo vio primero, y rápidamente se acercó a él.

—¡Estás pálido! ¿Estás bien? —preguntó, su tono más cálido de lo que esperaba.

Pipa la miró, desconcertado.

Él asintió en silencio, sin saber bien qué decir. Solo sabía que estaba aliviado de verlas ahí.

—No entiendo nada… ¿Quién ordenó que me

trajeran acá?

—Nosotras tampoco. ¿De qué se trata todo esto?

—Vimos que te detenían y decidimos pedirle ayuda al jeque.

—El intercedió para que te liberaran cuanto antes —explicó Fernanda, cruzando los brazos.

Pipa se giró hacia el jeque, que observaba desde el fondo del lobby con una sonrisa tranquila. El joven juntó las manos en un gesto de agradecimiento y se inclinó levemente.

—Gracias... de verdad, muchísimas gracias.

El jeque le dio unas palmadas en el hombro y respondió con sencillez y en un dificultoso español:

—No es nada, amigou. Estás en tu casa ahora.

Pipa se volvió hacia Fernanda, con una sonrisa tímida.

—Gracias, Fernanda, de verdad. No tenían que hacer esto por mí.

Ella lo miró con los ojos entrecerrados y una sonrisa juguetona.

—Pipa, ya te lo dije: Decime Fer. Y deja de agradecer.

Es lo menos que podía hacer después de cómo te traté en el aeropuerto.

Pipa la miró por un instante, titubeando.

—¡Sos hermosa! —soltó de repente, para luego corregirse torpemente—. Quiero decir... ¡una gran persona!

Fernanda arqueó una ceja, divertida.

—¿Hermosa no cuenta, entonces?

—No, no… no quise decir eso.

—Lo que quiero decir, es que… —Pipa balbuceó, pero al final se rindió—. Bueno, sí. Lo que pasa es que… es que, desde aquel día en el aeropuerto… no puedo dejar de pensar en vos.

Fernanda sonrió y dio un paso hacia él.

Pipa, todavía inseguro, se inclinó ligeramente.

Lo que siguió fue un beso que pareció borrar todo y a todos a su alrededor.

El momento se interrumpió con el sonido del celular de Pipa.

—¡Atendé! ¡deben estar preocupados! —dijo Fer riendo.

—Si, seguro son los chicos, los pongo al tanto —respondió él, sacando el teléfono apresuradamente.

Tras colgar, Pipa volvió a mirarla, con una sonrisa renovada.

—¿Seguimos festejando?

—Si claro, pasemos este mal trago y a festejar… ¡¡Estamos en la final!! —Respondió Fer revoleando una bandera que aferraba en su mano.

CAPÍTULO 10. Dos señuelos

Mientras Pipa y Fernanda se alejaban hacia el banderazo, la ciudad de Doha seguía vibrando con la euforia del partido. Pero, en las sombras, había quienes tenían otros planes, lejos de la alegría de los hinchas.

En un lujoso departamento frente al puerto deportivo, Mantix observaba una pantalla con varias ventanas abiertas.

"Oferta recibida: 35 millones de dólares. "Oferta recibida: 35.5 millones de dólares".

La subasta iba en ascenso. Mantix tamborileó los dedos sobre la mesa, observando con satisfacción cómo las cifras seguían aumentando.

En su rostro se dibujaba una sonrisa apenas perceptible, pero sus ojos reflejaban algo más profundo: control, poder. El teléfono encriptado a su lado vibró. Lo tomó con calma y deslizó el dedo sobre la pantalla. Era un mensaje de un contacto que usaba un nombre codificado:

"Aseel

Demasiada atención en el estadio. La Interpol está investigando los envíos de camisetas. ¿Seguimos adelante o cerramos antes de tiempo?".

Mantix sonrió con calma antes de responder:

"Deja que sigan buscando fantasmas. Nadie puede rastrearme. Y nada de mensajes, llámame de ser necesario".

El mensaje fue enviado, y el teléfono fue apagado de inmediato.

Mantix se levantó de la silla, caminando hacia una mesa donde reposaba un mapa de Doha.

Había círculos rojos marcando varios puntos clave: el estadio Lusail, el Museo Nacional, y el complejo Barwargento.

Tomo un marcador negro, y dibujó una nueva línea entre dos puntos: el puerto y una ubicación en las afueras de la ciudad.

Todo estaba calculado. Todo era parte del juego.

⋆ ★ ⋆

"Yo soy así, soy argentino, y de los pibes de Malvinas no me olvido..." —cantaban a viva voz Pipa y los chicos, mezclados entre numerosos hinchas, debajo de una bandera gigante que mostraba a Diego Maradona besando la copa del mundo.

La sostenían tantas manos que, desde una vista aérea, parecía cobrar vida.

Las calles del complejo estaban repletas de hinchas que no dejaban de cantar y bailar, con bombos resonando, bengalas y celulares iluminando la noche.

Los gritos de *"¡Vamos, vamos, Argentina!"* se mezclaban con carcajadas y brindis improvisados.

—¡Es una locura todo esto! —Gritó Pipa, tratando de hacerse escuchar por encima del ruido.

—¡Y apenas ganamos la semifinal! ¡Imaginate si ganamos el Mundial! —Respondió Fernanda, que miraba a su alrededor con los ojos brillantes.

Sebastián hizo punta entre la multitud, saltando como en el típico pogo rockero argento abrazando a Pipa con tanta fuerza que casi lo tiró al suelo.

—¡Flaco! ¡Estás vivo! Estábamos comentando con Dani si te habían llevado a Guantánamo o a Alcatraz, algo así...

Pipa rio, aunque todavía sentía un leve malestar por el interrogatorio con Bastián.

—No sé si me llevaron a Guantánamo, pero esos tipos no jugaban, están locos. Me miraban como si yo hubiera robado la Mona Lisa.

—Bueno, al menos estás acá. Ahora relajate y disfrutá —dijo Daniel, pasándole una lata de cerveza fría.

Fernanda, notó que Pipa todavía tenía el ceño ligeramente fruncido. Sin pensarlo demasiado, le tocó el brazo.

—Ey, ¿estás bien? —le preguntó, su tono más suave. Pipa la miró y asintió.

—Sí, solo que todo esto es... raro. Primero lo de la camiseta, ahora la policía... ¿Por qué tanta obsesión con una prenda?

Fernanda lo miró, como si estuviera a punto de responder, pero en ese momento Carolina apareció a su lado, tirándola del brazo.

—¡Fer, Pipa vengan! Están organizando un torneo de penales. ¡Tenés que participar Fer!

—¿Yo? ¡Ni loca! —Respondió Fernanda, riendo.

—¡Dale, Fer! —Gritó Pipa, ahora con una sonrisa más relajada

—Yo te apuesto que no le podés meter un gol ni a un muñeco de goma.

—¡Ah, sí! ¡Te voy a demostrar lo contrario! —Respondió Fernanda, aceptando el desafío con una chispa de competitividad en los ojos.

El grupo se dirigió hacia una pequeña cancha improvisada en el centro del complejo, donde varios hinchas ya estaban practicando tiros. Pipa y Fernanda se unieron al juego, mientras el resto del grupo los alentaba desde un costado. Cada vez que Fernanda lanzaba el balón, Pipa encontraba una excusa para burlarse:

—¡Tenés que darle al balón…! ¡Ja, ja, ja Eso fue un pase al arquero, no un tiro! —gritaba muerto de risa.

—¡Cerrá la boca Pipa, o te la voy a clavar al ángulo! —Respondió Fernanda, mientras se acomodaba para el siguiente tiro.

Finalmente, cuando logró meter un gol perfecto, Fernanda corrió hacia él con los brazos abiertos como si acabara de ganar la Copa del Mundo.

—¿Y ahora qué decís? —Preguntó jadeando, pero

con una sonrisa triunfal.

Pipa levantó las manos en señal de rendición.

—Está bien, está bien... ¡Sos Messi, Fer!

—¡Te lo dije! —Respondió ella, mientras Carolina y Chechu aplaudían desde un costado.

La noche siguió entre risas, penales y cánticos.

Por un momento, todos olvidaron el caos y las sospechas que habían quedado atrás.

★

En la oficina central de la Interpol en Doha, Bastián repasaba las pruebas recogidas en el estadio.

Había algo que no encajaba.

Las imágenes de las cámaras mostraban varias camisetas idénticas a la robada del Museo Nacional, pero ninguna parecía ser la original.

El ladrón estaba jugando con ellos, de eso estaba seguro. De repente, el teléfono sobre su escritorio sonó. Era Paul.

—Bastián, acabo de recibir algo que tenés que ver.

—¿Qué es? —Preguntó, levantándose con rapidez.

—Una transacción en la Dark Web. Alguien está subastando la camiseta robada. La oferta más alta hasta el momento es de 70,5 millones de dólares.

Bastián se detuvo en seco.

—¿Podemos rastrear la subasta?

—Ya estamos trabajando en eso, pero va a tomar

tiempo. Es un sistema encriptado.

Bastián respiró hondo, sintiendo cómo la adrenalina comenzaba a correr por sus venas.

—No tenemos tiempo. Si alguien gana esa subasta, es muy probable que perdamos la pista para siempre.

Caminó hacia la ventana, mirando las luces de Doha mientras su mente trabajaba a toda velocidad.

Mantix estaba moviendo las piezas de manera magistral, pero Bastián no tenía intención de perder este juego.

—Paul, quiero un equipo listo antes de la final del mundial, Mantix no se la perdería por nada en el mundo. Vamos a tomar la delantera.

⋆ ★ ⋆

El atardecer caía sobre el puerto deportivo de Doha, bañando las embarcaciones en tonos dorados y anaranjados.

La brisa era cálida, el mar estaba en calma.

Pero Mantix no era alguien que pudiera disfrutar de la tranquilidad por mucho tiempo.

Su teléfono encriptado vibró con insistencia sobre la mesa de madera oscura. No necesitaba mirar la pantalla para saber que era una llamada importante.

Deslizó un dedo sobre el dispositivo y atendió.

—¡Entra a la subasta ahora mismo! Hay una oferta

por increíble: *doscientos millones de dólares*... pero el comprador exige ver la camiseta en persona esta noche. ¡Quiere verificar su autenticidad!

—¿De qué hablas? —Preguntó intuyendo que había algo más que una simple *"oferta"*.

El silencio tenso se extendió unos segundos.

—¡Estamos seguros de que se trata de una trampa! Y por los contactos involucrados, todo apunta a: *"El Irlandés"*. Está en el Mondrian Hotel.

—No nos va a traer problemas... ¿Verdad?

Mantix entrecerró los ojos, su mente procesando la información con la precisión de una máquina.

Se pasó los dedos por la línea de su mandíbula mientras murmuraba:

—Nadie se mete en mis asuntos. Fui generoso con él... Alguna vez hasta le permití quedarse con una suculenta tajada de un trofeo. A costa, claro, de una larga temporada encerrado.

—Su tono se volvió irónico—

—¿Será que el idiota quiere venganza?

—Así es... Es lo que sospechamos —respondió la voz al otro lado, con un matiz de cautela.

—Voy a enviarte un archivo comprimido. Contiene una serie de transacciones.

Te sorprendería ver los nombres y montos involucrados.

La expresión de Mantix se endureció.

Peligro extremo. Esa sensación siempre había sido un disparador para su ansiedad...

Aunque el éxtasis de ganar una partida era una droga aún más potente.

Enfrentar desafíos le daba propósito. Cada jugada, cada movimiento, lo mantenía vivo.

¿Qué sería del mejor ajedrecista del mundo sin un rival digno?

—De acuerdo. Mantenete alerta. Enseguida vuelvo a llamarte con nuestra respuesta.

Con movimientos precisos, encendió su laptop, sorteó múltiples firewalls y accedió a la Dark Web.

Descargó el archivo y sus ojos recorrieron la lista de transacciones sospechosas.

Allí estaba.

El Irlandés había transferido dos depósitos de un millón de euros cada uno a cuentas cuyos titulares no eran más que fachadas.

Pero Mantix tenía su propio software de rastreo. Dejó la laptop a un lado y tomó un sorbo de whisky.

—Así que me querés fuera del juego... Buen intento, Irlandés. Pero ahora es mi turno.

Activó un canal encriptado y marcó.

De inmediato aceptaron la llamada al otro lado de la línea.

—Vamos a seguir su juego. Pero escucha bien: tenés que actuar de inmediato. No hay margen de error.

—Lo tengo. Aguardo instrucciones.

Pasada la medianoche, la zona industrial de Ras

Bufontas dormía bajo una penumbra artificial.

Contenedores oxidados se alineaban como un laberinto, siluetas fantasmales en la oscuridad.

Más allá, la ciudad brillaba como un espejismo lejano. Apoyado contra un pilar de hormigón, Mantix observaba las imágenes de un dron en su tablet.

Cada movimiento era calculado. Paciencia. Espera. Y ahí estaba.

El Irlandés emergió de entre las sombras. Alto, barba rojiza, chaqueta de cuero.

Un hombre que caminaba como si siempre tuviera el control. Mantix ajustó su modulador de voz antes de hablar.

—Eras vos, maldito irlandés. Me hacés perder el tiempo. Esta reunión se acabó.

El Irlandés rio con una burla forzada.

—¿Crees que te traje hasta acá para charlar, hijo de puta? Estás aquí para pagar. Voy a encerrarte y a destruir la llave.

—¿Ah, sí? —Mantix inclinó la cabeza, su voz neutra—. Y dime, ¿cómo piensas hacerlo?

El Irlandés apretó la mandíbula.

—Si no te puedo encerrar.... y lo que quieres es morir, tus deseos son órdenes.

La emboscada se activó. Dos sicarios emergieron de la oscuridad. Los disparos iluminaron la noche.

Pero Mantix ya no estaba allí. Rodó detrás de una columna de hormigón mientras las balas impactaban donde había estado un segundo antes.

—¡Estás rodeado, escoria! —Gritó El Irlandés, apuntándole con su Colt.

—Quiero esa camiseta. Vas a dármela, y entonces... quizás te deje vivir.

Silencio.

Mantix se mostró, con sus manos en alto. El disparo resonó, seco, brutal. La bala impactó en su pecho. El Irlandés giró bruscamente, apuntando al sicario.

—¿Quién te ordenó disparar, imbécil?

—Me contrataste para matarlo.

—¡Te dije que yo decidía cómo y cuándo! ¡Tengo que encontrar esa camiseta...! ¡Idiota!

El sicario se encogió de hombros.

—Ya está hecho. Ahora dame el resto de mi paga.

Ambos enfundaron sus armas, pero en cuanto se acercaron al cuerpo inmóvil de Mantix...

—¡Sorpresa!

Mantix se incorporó de golpe, una bolsa de sangre falsa aun escurriéndose por su ropa.

Uno de los matones tomó el arma de la cintura de El Irlandés en un movimiento electrizante.

El Irlandés apenas tuvo tiempo de reaccionar. Golpeó al sicario más cercano con el codo y pateó al segundo.

La pelea estalló en el caos.

Sombras moviéndose, puños estrellándose contra huesos, gritos de dolor.

El Irlandés peleaba por su vida. Un sicario cargó

contra él, pero logró sujetarlo y estrellarle la cabeza contra un bloque de hormigón.

Cuando giró, el segundo lo esperaba. Una patada lo lanzó contra una pila de cajas.

Visión borrosa.

Olor a sangre y metal.

Entonces sintió el pinchazo en su cuello.

Calor intenso subiendo por su torrente sanguíneo. Escalofrío que recorría su columna. Sus músculos se endurecieron. Su garganta se secó.

Mantix se inclinó sobre él, su voz como un susurro venenoso.

—Relájate. Si luchás... solo acelerarás el proceso.

El Irlandés intentó moverse, pero su cuerpo ya no le respondía.

—¿Te preguntás qué es esto? —Mantix dejó escapar una leve risa.

—Es una toxina experimental. De los tiempos de la Guerra Fría. No vas a morir. Quedate tranquilo. No soy un asesino. Pero hará algo mucho peor.

—Afecta la memoria.

—Sucede que en el momento en que contrataste sicarios para asesinarme. Jugaste con un cuchillo de doble filo. ¿Ves? Ellos tienen precio. Y saber lo que pagaste para intentar borrarme del mapa es una tremenda ventaja. No creerías lo que me propusieron hacerte por el doble de dinero.

Mantix acercó su rostro hasta que su aliento era lo único que El Irlandés podía sentir.

—Después de tanto tiempo buscando mi identidad... Ahora serás vos quien no sepa quién sos.

—Vas a pasar el resto de tu miserable vida, buscando un rostro. Aunque lo positivo para el resto del mundo, es que probablemente vas a transformarte en un cachorro inofensivo, que busca afecto y un hogar.

—Es irónico... me buscaste durante mucho tiempo... estuvimos cara a cara tantas veces que ya perdí la cuenta. ¡Ja, ja, ja, ja, ja!

El Irlandes estaba a punto de enloquecer antes de caer rendido por la droga.

Dos días más tarde. Suite del Mondrian Hotel.

Una caja negra descansaba sobre la mesa. Sin remitente.

Solo su nombre escrito con una caligrafía pulcra y precisa.

El Irlandés la miró por un largo minuto antes de tocarla.

Aún sentía el veneno en su sistema.

La cicatriz en su muñeca no estaba. Toda su vida había estado ahí. En Dublín. En una pelea con una navaja a los diecisiete. Pero ahora... su piel estaba lisa. Como si nunca hubiera existido.

Tomó la caja con manos temblorosas y la abrió. Dentro, un espejo de bolsillo, una nota y un pasaporte.

Su corazón martilló contra su pecho tan fuerte. Lo abrió con manos sudorosas.

Su reflejo. Lo observó. Pero no era él. Un ligero temblor recorrió su cuerpo. En el fondo de la caja, una nota y un pasaporte. Letras mecanografiadas.

"*¿Quién eres ahora?*".

El Irlandés se llevó las manos al rostro. Ya no se sentía como su propio rostro.

Fragmentos de una vida que no encajaban. Un bar en Belfast. Humo de cigarro. Risas roncas. Su propia voz negociando un trato con un hombre de mirada fría.

"*Si intentás cagarme, vas a conocer el infierno, amigo*".

Una bolsa de dinero cayendo sobre una mesa de madera vieja. Manos sucias contando billetes. Un niño cayendo de una bicicleta.

Pero... ¿cuándo fue eso? Sangre en sus nudillos. Una pelea en un callejón. Los gritos de alguien ahogándose en su propia sangre.

¿Por qué no puedo ver su rostro? Un yate en el Mediterráneo. Lujo. Copas de whisky servidas en vasos gruesos. Una mujer increíblemente bella con un vestido rojo y labios envenenados susurrándole algo al oído.

Un auto en movimiento. No, una persecución. Su corazón latiendo al ritmo del motor, el reflejo de luces azules y rojas en el retrovisor.

Una risa. Él estaba riendo. Pero no recordaba por qué. Y entonces, el vacío. Nada. El Irlandés abrió los ojos de golpe. Todo estaba borroso.

Se sentó en la cama, con la respiración agitada. Su mente estaba rota.

Algo... algo faltaba.

Intentó hacer un recuento cronológico de su vida.

Pero había huecos. Grietas negras en su memoria, como si alguien hubiera arrancado partes enteras de su historia y las hubiera arrojado a un fuego invisible.

Se levantó de la cama con pasos inseguros.

Se acercó al espejo del baño. Miró su reflejo. Lo estudió. Su propio rostro.

Pero no se sentía suyo.

Se pasó los dedos por la barbilla, la piel áspera. Algo estaba mal. Muy mal.

Volvió a la habitación y tomó el pasaporte. Lo abrió una vez más, con las manos temblorosas.

El nombre... le resultaba algo familiar.

La fecha de nacimiento. El país de origen. Todo aparentaba ser correcto, aunque dudaba mucho.

Pero la foto.

El hombre en la foto no era él, no se sentía propio. Parecido, sí. Pero no era él.

El Irlandés tragó saliva.

Su estómago se contrajo como un puño cerrado. Dios... ¿qué me hicieron?, ¿quién soy en realidad? Se dejó caer en la silla.

La habitación giraba. Como si el suelo estuviera cediendo. Intento reconocer el lugar.

Intento recordar por qué estaba allí. Por qué esa habitación.

Qué era ese lugar. Dónde estaba. Nada.

CAPÍTULO 11. Sin payaso

Situado lejos del bullicio de Doha, el alojamiento parecía diseñado para quienes buscaban desaparecer del radar: pasillos largos, alfombras gruesas que absorbían cualquier ruido, paredes con insonorización impecable. Desde afuera, era un refugio tranquilo. Desde adentro, era una trampa mortal para quien no estuviera preparado.

Un hombre de cabello corto y ligeramente encanecido se detuvo frente a la puerta de su habitación. Vestía de manera sencilla: jeans, una chaqueta de cuero gastada y una mochila cruzada al hombro. Pero su postura y sus ojos, fríos como el acero, hablaban de años en algún tipo de oficio peligroso.

Algo estaba mal.

El detalle que lo detuvo fue la alfombra: apenas un par de centímetros fuera de lugar y parte de una huella de calzado en ella, lo suficiente como para alertar a alguien acostumbrado a notar lo que otros no veían. El cartel de "no molestar" seguía en la perilla de la puerta.

Sus músculos se tensaron de inmediato, y su mente empezó a calcular las posibilidades.

Intrusión. Observación previa. Posible ataque.

Sin cambiar su expresión, sacó un pañuelo del bolsillo y lo colocó sobre la cámara de seguridad del pasillo. Movimiento rápido, limpio, entrenado. Luego, metió la mano en la mochila y sacó una pistola equipada con un silenciador. El metal negro relucía bajo la luz tenue.

Respiró hondo. Giró la perilla lentamente. Abrio unos centímetros.

"Click"

Un disparo silencioso atravesó la pared a centímetros de su rostro.

Por puro instinto, se arrojó al suelo mientras su arma respondía con dos detonaciones dirigidas hacia la fuente del ataque. El cuarto se iluminó con el destello del láser infrarrojo pistola y el fogonazo.

En el rincón opuesto, junto a la barra de tragos, una silueta se movió. Más disparos.

El huésped giró bruscamente cuando un proyectil se incrustó en su muslo derecho.

—¡Aaah! —Gruñó con furia, sintiendo el desgarro punzante mientras el calor del dolor se propagaba. La pierna vibró de inmediato, los nervios reaccionando al impacto.

Pero mantuvo el control de su arma. De inmediato recordó la disposición de la barra de tragos. Las patas despegaban el mueble a unos 15 a 20 centímetros del nivel del suelo.

Apuntó por debajo disparó, cada tiro acompañado por el eco apagado del silenciador.

Uno de los proyectiles con punta hueca impactó en el glúteo del atacante.

El impacto de la bala con punta ahuecada en el glúteo del atacante haciendo un daño profuso.

—¡Aaaagh! —El intruso soltó un grito desgarrador.

—¡Me rindo, no me mates! —Suplicó, dejando caer lo que parecía una pistola y un cuchillo.

Giró su cuerpo volcándose al suelo con las manos en alto. El movimiento lo hizo bramar de dolor, y gritó aún más fuerte.

—¡Aaaaaaagh!

El huésped encendió una mesa de luz que tenía a la mano. Se levantó con dificultad, cojeando, el rostro endurecido por el dolor y la determinación.

Cruzó la habitación, sin bajar el arma de su blanco.

La tenue luz de una lámpara rota reveló a un hombre joven. Contextura atlética, de vestimenta táctica.

Apoyó el cañón de la pistola contra la frente del intruso.

—¿Quién sos y qué haces aquí? Mejor que hables cuanto antes —preguntó, su voz gélida y cargada de amenaza.

El intruso levantó las manos temblorosas, respirando con dificultad.

—¡No me mates! No vine a matarte. Solo quería… colocar un chip. Un rastreador. ¡Te lo juro!

—¿Por qué me estás siguiendo? Tenés tres

segundos.

—Sí, sí... Me llaman Payaso triste —dijo, con la voz entrecortada—. Estaba buscando pistas de la camiseta robada del museo en tu habitación.

Cobra frunció el ceño, pero no apartó el arma.

—¿Y cómo llegaste hasta acá?

—Te vi perseguir a Mantix... tus movimientos... tus contactos. Sé que estás cerca de él. Puedo ayudarte a atraparlo... y hacernos de la camiseta— confesó el intruso, en un tono desesperado.

—¿Y pensabas hacerme hablar... no? —Agregó cobra en tono amenazante.

—¡No..., no ... no me...!

Entonces, sin mediar palabra, apretó el gatillo.

El disparo, amortiguado por el silenciador, resonó apenas como un susurro en la habitación.

Payaso triste cayó al suelo, inmóvil, mientras un charco oscuro comenzaba a extenderse rápidamente bajo él.

Cobra bajó el arma, dejando escapar un suspiro. Pero no había tiempo para relajarse.

Revisó los bolsillos del intruso, encontró una memoria micro con conexión USB y un teléfono encriptado.

—Idiota... —Murmuró, observando los dispositivos.

Se miró en el espejo del baño del hotel. Su reflejo era el de un sobreviviente: el rostro endurecido, las arrugas de quien ha vivido en el filo del peligro.

Tomó un bisturí de un botiquín médico y cortó el pantalón alrededor de la herida para examinarla. Aunque la bala había penetrado profundo, no había alcanzado ninguna arteria importante.

Se desinfectó con alcohol, mordiendo un pañuelo, aplicó unas cuantas grapas quirúrgicas con la precisión de quien está acostumbrado a trabajar solo, colocó pegamento en la herida.

Por último, ingirió dos comprimidos: un fuerte analgésico y un antibiótico.

Luego de una ducha rápida pero reconfortante, cambió su ropa y guardó todo en una mochila.

Acto seguido tiño su cabello, a tono con una falsa barba y bigote.

Miró el cuerpo de su víctima por última vez antes de cubrirlo con una manta y apagar la luz del cuarto.

Con un pasaporte falso en mano y una cojera apenas perceptible, abandonó el hotel por una salida trasera.

La noche de Doha estaba tranquila, y la calle apenas iluminada por faroles bajos.

Pero esta vez, había algo diferente en su mirada. Pensó:

"Tengo que encontrar otro lugar tranquilo donde revisar este pendrive, seguramente contenga pruebas que me acerquen aún más a Mantix y sobre todo a apoderarme de esa casaca".

Mientras cerraba la puerta trasera del hotel, el eco de los festejos argentinos aún retumbaba a lo lejos.

Pero él no celebraba. Él cazaba.

CAPÍTULO 12: Catarsionados

Esa noche, Pipa no pudo dormir. Todo lo que había vivido en los últimos días se apilaba en su mente como una montaña de emociones que no sabía cómo procesar. Por un lado, estaba la alegría inmensa de que Argentina estuviera en la final del Mundial; por otro, el vértigo que sentía cada vez que pensaba en Fernanda. Su risa, su mirada... cómo se le escapaba ese pequeño hoyuelo cuando sonreía.

En la cama contigua a la suya, Sebastián roncaba como un tractor viejo, completamente ajeno a los susurros de su amigo.

—¡Fer es increíble, Sebas! ¿Te conté lo que me dijo hoy?

¿Sabés qué pienso hacer mañana? —Murmuraba Pipa, con una sonrisa de oreja a oreja.

El único "comentario" de Sebastián fue un ronquido más fuerte, que casi opacó las palabras de Pipa. Pero eso no lo desanimó. Siguió hablando como si tuviera una audiencia, sus palabras llenas de entusiasmo y un brillo incontrolable en los ojos.

Cuando finalmente el reloj marcó las siete de la mañana, Pipa no aguantó más. Se levantó de un salto, agarró su mini parlante, y puso un clásico de cuarteto a todo volumen.

—¡Dale, Sebas, levantate, hermano! ¡Estamos en la final, viejo! —Gritaba, mientras bailaba y preparaba el mate.

Sebastián abrió un ojo con una expresión de furia y tomó la almohada. Sin pensarlo, se la lanzó con fuerza.

—¡LA CONCHA DE LA LORA, PIPA! ¡Nos van a echar del departamento, boludo! —Dijo con la voz pastosa por el sueño y el pelo revuelto como si hubiera peleado contra un huracán.

Pero Pipa ni se inmutó. Con una sonrisa aún más grande, agarró la almohada y se la devolvió.

—Dale, Sebas. No seas amargo. ¡El día está brillante, tenemos que salir a festejar! ¡Estamos en la final!

★

Carolina por su lado en el hotel, no podía más. Fernanda estaba completamente insoportable, rebotando de un lado a otro como si tuviera un resorte en los pies.

—¡Fer, basta! ¡Parecés una nena de doce años! "Pipa esto, Pipa aquello... ¡Me tenés harta! Si sabía que ibas a estar así, ni te pedía que lo ayudáramos.

—Es que no lo puedo evitar, Caro —respondió

Fernanda con una sonrisa soñadora—. Es... distinto. Me hace sentir cosas que no sentía desde... nunca, creo.

—Es que no lo puedo evitar, Caro. Es... diferente. No sé, me hace sentir cosas que no sentía desde... desde nunca, ¿creo?

—¿Vos te escuchás? Estás hecha un cliché de peli romántica, Fer. ¿Qué te dio ese flaco, Fernet con burundanga? Si lo ves, decile que me devuelva a la Fernanda que conocí.

—Bueno, capaz soy un poquito cursi. Pero estoy feliz, ¿qué tiene de malo? —Respondió Fernanda, encogiéndose de hombros.

Carolina la miró por un segundo, y luego soltó una carcajada.

—Menos mal que no tengo pelotas, porque ya me habrían explotado —respondió Carolina entre carcajadas—. Sos insoportable, pero dale... si te hace feliz, tomá doble dosis.

Y así, entre bromas y sermones, Fernanda se dejó llevar por lo que sentía.

Los días previos a la gran final se volvieron inseparables.

Aun cuando los chicos los acompañaran, eran Pipa y Fer.

Caminaban juntos por el mercado Souq Waqif, explorando cada rincón. Probaban la gastronomía local, compartiendo risas cada vez que algo les picaba más de lo que esperaban. Las noches terminaban en la playa, intercambiando miradas cómplices y sonrisas que decían más de lo que se atrevían a poner en palabras.

Una tarde, mientras estaban sentados en la arena, el sol comenzaba a ocultarse tiñendo el cielo de naranja y púrpura. Fernanda observaba el horizonte en un silencio casi meditativo.

Pipa le alcanzó un mate cebado, pero un estruendo interrumpió la calma. Dos motocicletas irrumpieron en la playa, velozmente y zigzagueando entre las personas con maniobras temerarias como animales desbocados.

Pipa se levantó de inmediato, jalando a Fernanda del brazo.

—¿Qué están haciendo esos locos de mier...? —Preguntó ella, alarmada.

Antes de que él pudiera responder, alguien gritó:
¡Tiene un arma!

El pánico se extendió como un reguero de pólvora. Personas gritando, niños llorando, adultos arrojándose al piso. Pipa apretó la mano de Fernanda y la miró con seriedad.

—No lo sé, pero corramos. Ya tuve suficientes interrogatorios por esta vida.

Ambos comenzaron a correr hacia el paseo costero, zigzagueando entre la multitud.

Aunque lograron alejarse del caos, Pipa no pudo evitar echar una última mirada hacia las motos que desaparecían en dirección al pavimento.

Lo que no sabían era que ese incidente no era casual.

En la central de operaciones, el agente Bastián estaba terminando de revisar un informe cuando Paul irrumpió en la sala, visiblemente alterado.

—¡Bastián! ¡Creo que es Mantix! —gritó, con el rostro desencajado y vos quebrada por la carrera.

Bastián se levantó de inmediato, dejando caer el bolígrafo que sostenía.

—¿Qué sucede? —Dos sospechosos una persecución en moto. Un dron los está siguiendo.

Paul desplegó en una pantalla gigante las imágenes captadas por el dron. Las motocicletas avanzaban a toda velocidad por las estrechas calles de Doha, esquivando vehículos y peatones como si estuvieran en una película de acción.

—¿Están armados? —Preguntó Bastián, mientras su mirada seguía cada movimiento en la pantalla.

—Sí. Una de las motos tiene un pasajero que escondió una pistola en su cintura. Este el que va detrás—respondió señalando la imagen

—Bastián frunció el ceño, su mente trabajando a toda velocidad.

—Quiero un equipo en el lugar. Que bloqueen las salidas de la ciudad. No podemos dejarlos escapar.

Paul asintió y comenzó a dar órdenes por radio.

Bastián observó la pantalla con intensidad, su mandíbula apretada.

—Mantix... —Murmuró para sí mismo, como si el

nombre fuera un veneno en su lengua.

El juego estaba lejos de terminar, y Bastián sabía que cada movimiento lo acercaba más al centro del tablero.

Sin dudarlo, tomó un casco y un rastreador GPS. Colocándose un intercomunicador en el oído ordenó:

—Paúl, seguí mi rastreador. Quiero que me guíes hasta ellos tomando los mejores atajos.

—De acuerdo, te escucho fuerte y claro

—Tené cuidado. —agregó Paúl con tono grave—. El perseguidor está armado

Bastián apretó los dientes y aceleró. Pronto comenzó a divisar a los dos motociclistas que tenía delante. Conducían cortando el aire como proyectiles, sorteando coches y peatones a una velocidad vertiginosa. Bastián, unos metros detrás, mantenía el ritmo, zigzagueando entre obstáculos y esquivando las maniobras de los fugitivos.

—¡Paul! Estoy justo detrás, ¡no los voy a perder! —gruñó mientras giraba en una curva cerrada, el rechinar de las ruedas arrancando chispas del pavimento.

Por delante, Mantix lideraba la carrera con movimientos calculados, mientras Cobra, visiblemente más agresivo, intentaba alcanzar al ladrón. Cobra empuñó su pistola en su mano izquierda y parecía cada vez más decidido a disparar.

—¡Cuidado, Bastián! Están en una zona con muchos civiles. Evita disparos hasta que sea absolutamente necesario —advirtió Paul.

De repente, en un cruce diagonal, Cobra hizo un movimiento inesperado: giró bruscamente derrapando y aceleró embistiendo la moto de Bastián, lanzándolo al suelo. El impacto fue brutal. Bastián rodó por el pavimento, golpeándose el codo y la pierna. El casco amortiguó parte del golpe, pero el dolor punzante en su costado le arrancó un gruñido.

A pesar de eso, su instinto lo empujó a levantarse. Con el cuerpo adolorido, montó nuevamente su moto.

—¡No me vas a perder tan fácil! —Murmuró entre dientes, acelerando de nuevo.

Mientras tanto, Mantix tomó una decisión arriesgada. Al ver un bloqueo policial al final del puente, giró hacia un lujoso hotel que conectaba con un centro comercial a través de un pasaje suspendido vidriado. Cobra lo siguió de cerca, su rostro tenso y decidido. El interior del hotel se llenó de caos. Los motores rugían, las motocicletas derrapaban sobre el suelo pulido y los clientes gritaban, apartándose en todas direcciones. Las luces de emergencia parpadearon cuando una de las motos chocó contra un panel eléctrico, lanzando chispas al aire. Mantix frenó de golpe y giró su con precisión milimétrica, lanzándola directamente contra Cobra. El impacto fue devastador: ambos motociclistas cayeron al suelo, rodando entre chispas y fragmentos de metal. Cobra, aturdido, rodó hasta detenerse junto a un mostrador de recepción. Su casco salió volando. Apenas consciente, comenzó a arrastrarse hacia su pistola, que había resbalado hasta quedar a unos metros de distancia.

En ese momento Llegó Bastián. Bajó de su moto con movimientos precisos, desenfundando su arma y apuntándola directamente a la cabeza de Cobra.

—¡Quieto! ¡No te muevas! —gritó, su voz resonando con la autoridad de quien no dudaba en disparar.

Cobra levantó lentamente una mano, pero la otra había conseguido alcanzar con la punta de sus dedos la pistola. Sus ojos brillaban con una mezcla de desafío y desesperación.

—¡Te dije que no te movieras! —repitió Bastián, acercándose con cautela.

En un último acto de desafío, Cobra hizo un movimiento reflejo para empuñar el arma....

¡PUM!

El disparo fue rápido, certero. La bala impactó en el lateral de la cabeza de Cobra, atravesando la parte superior de su cráneo. El motociclista cayó de inmediato, su cuerpo colapsando como si le hubieran cortado los hilos que lo sostenían cual marioneta. Un charco de sangre comenzó a extenderse bajo él, pero, sorprendentemente, seguía vivo. Bastián se acercó con cautela, apuntándole aún con el arma mientras observaba cómo Cobra intentaba moverse, con respiraciones cortas y espasmódicas. Bastián pateo el arma del criminal lejos.

—Te dije que no te movieras. Ahora, mira cómo estás —dijo Bastián con frialdad, su mirada fija en el hombre herido.

Cobra intentó hablar, pero de su boca solo salieron sonidos ahogados.

—¿Dónde está Mantix? ¿Cómo lo encuentro? —preguntó Bastián, inclinándose ligeramente para mirar al hombre directamente a los ojos.

Con dificultad, Cobra levantó una mano ensangrentada y señaló hacia el pasaje lateral. Su boca se movió, pero las palabras eran incomprensibles. Bastián giró hacia el pasaje, pero antes de que pudiera avanzar, una densa nube de humo celeste y blanco llenó el lugar.

—¡Paul! ¡Bloqueen todas las salidas! ¡No lo dejen salir! — ordenó Bastián, tosiendo mientras intentaba avanzar a tientas.

El humo era tan espeso que apenas podía ver sus propias manos. Cuando finalmente se disipó, Mantix ya había desaparecido.

Regresó junto a Cobra, que ahora yacía inconsciente.

—Que alguien lo saque de aquí. No lo quiero muerto… todavía —dijo, mientras dos paramédicos se acercaban corriendo con una camilla.

En medio de ese panorama, un guardia de seguridad se acercó a Bastián. Su rostro estaba pálido, y las manos temblaban ligeramente al extenderle lo que había encontrado: una máscara.

Bastián tomó el objeto con cuidado, como si fuera una bomba a punto de estallar. La luz blanca del pasillo reflejaba los contornos de la máscara, resaltando cada detalle. Era una obra maestra del disfraz, hiperrealista al punto de ser inquietante. La piel parecía real, con poros visibles y un ligero brillo en las mejillas. El cabello, castaño claro, estaba adherido con precisión quirúrgica, y las cejas estaban perfectamente delineadas. El rostro que imitaba era el de una mujer con piel trigueña: una cara que podría confundirse con cualquier persona promedio en el lugar.

Bastián la sostuvo durante un momento, sintiendo cómo la frustración hervía en su interior. Sus dedos se apretaron alrededor de los bordes de silicona mientras dirigía su mirada al guardia.

—¿Quién encontró esto? —preguntó, con la voz tensa.

—Un niño tropezó con ella en el suelo del cine a oscuras.

No vio a nadie más —respondió el guardia.

Bastián respiró hondo, pero el enojo lo superó. Con un grito de frustración, lanzó la máscara sobre una mesa cercana y pateó una silla tirándola varios metros.

—¡Es un fantasma, Paul! ¡Un maldito fantasma! ¿Qué es esto, que mierda es esta mascara? ¡Está jugando con mi mente! —Rugió mientras su compañero intentaba calmarlo.

—Llévenlo bajo custodia médica. Lo quiero vivo... y hablando —ordenó mirando a los paramédicos que atendían a Cobra, antes de girarse hacia la salida del hotel.

Las patrullas policiales bloqueaban todas las salidas, y los altavoces anunciaban, una y otra vez, que las puertas permanecerían cerradas "por razones de seguridad". Los compradores, desconcertados, se amontonaban en los pasillos, murmurando entre ellos mientras observaban a los agentes revisando cada rincón.

—¡De aquí no sale nadie! —Gritó, su voz resonando con fuerza

—¡Quiero huellas digitales de todo el mundo! ¡Quiero cámaras revisadas, cada ángulo, cada esquina!

Paul, lo observaba con una mezcla de preocupación y resignación. Sabía que las órdenes de Bastián eran más un reflejo de su frustración que un plan lógico.

—Bastián… —Comenzó, con un tono cauteloso.

—¡No me importa lo que digas, Paul! —Lo interrumpió Bastián, girándose hacia él con los ojos llenos de ira.

—Este… este maldito fantasma no se va a burlar de mí otra vez.

El agente respiró hondo, tratando de calmarse. Pero en el fondo, sabía que tenía razón.

La máscara estaba ahí como una burla deliberada, una provocación. Y lo peor de todo era que Mantix jamás dejaba rastros útiles. Las huellas estarían contaminadas, y el testimonio del niño no aportaría nada.

La búsqueda continuó y unos pocos minutos después, Paul llegó corriendo desde la otra ala del centro comercial, con el rostro tenso y sujetando algo envuelto en una bolsa plástica.

—Bastián, encontramos algo más —dijo, sin aliento. Bastián lo miró con una mezcla de curiosidad y agotamiento.

—¿Pero qué carajos es esto?

Paul levantó la bolsa, mostrando su contenido: un casco negro con un diseño aerodinámico. Las manchas de espuma blanca, agua caliente y pasta en su superficie lo hacían parecer sacado de una escena surrealista.

—Estaba en la cocina de un restaurante aquí mismo. Lo encontramos en una olla enorme, en agua hirviendo.

Bastián frunció el ceño, su mente trabajando a toda velocidad. Se acercó y tomó el casco con cuidado, examinándolo. El calor aún se sentía a través de la bolsa, y un leve vapor se escapaba de las costuras.

—¿Hirviendo? —Preguntó, con un tono entre incredulidad y furia.

—Exactamente. Parece que lo estaban intentando "limpiar" —respondió Paul— No sabemos si es parte del disfraz, o un intento deliberado de borrar huellas

Bastián dejó escapar un gruñido. El casco, como la máscara, no era un error. Era otra pieza de un rompecabezas que Mantix quería que él viera, pero que no podía armar.

Se dejó caer en una silla cercana, el casco todavía en las manos. Su mente repasaba cada detalle de la persecución, cada decisión que había tomado, cada oportunidad perdida.

—¡Maldito! —Murmuró, pateando una máquina expendedora con tanta fuerza que arrojo bocadillos. Luego levantó la mirada hacia Paul, con los ojos brillando de determinación.

—¡No me mires así maldición! ¡Voy a atrapar a este fenómeno! Te lo aseguro.

Paul lo observó en silencio. Sabía que Bastián estaba al límite, pero también sabía que esa rabia era lo que lo hacía tan efectivo.

—Tenemos a Cobra —dijo Paul, tratando de cambiar el foco—. Y está vivo.

Bastián levantó la mirada, su expresión endureciéndose.

—Entonces será él quien hable. —Se levantó de golpe, dejando el casco sobre la mesa.

—¿Y si no quiere hablar? —Preguntó Paul, con cautela.

—Hablará. Todos hablan cuando saben que no hay otra salida.

Bastián giró sobre sus talones, caminando hacia la salida con pasos rápidos y pesados. A sus espaldas, los agentes seguían revisando el área, pero él sabía que no encontrarían nada más. Mantix siempre estaba un paso adelante. Pero ahora tenían a Cobra, y Bastián estaba decidido a usarlo como la llave que finalmente abriría la puerta al misterio detrás de ese maldito ladrón.

El juego estaba lejos de terminar. Pero esta vez, Bastián no pensaba quedarse en desventaja.

CAPITULO 13. El tiempo es tirano

Bastián estaba sentado en una sala vacía del cuartel de la Interpol en Doha. Las luces fluorescentes parpadeaban ligeramente, lanzando sombras irregulares sobre las paredes desnudas. Frente a él, un reloj colgaba de la pared, cada movimiento del segundero perforando su mente como un recordatorio cruel del tiempo que se deslizaba entre sus dedos.

Dos días.

Dos malditos días para resolver el caso.

Apoyó los codos en la mesa y enterró la cabeza entre las manos. El sudor frío recorría su nuca, y la tensión en su mandíbula era casi insoportable. Apenas había dormido desde el incidente en el centro comercial. Había pasado la noche revisando cada imagen de las cámaras, cada reporte de los agentes en el terreno. Todo apuntaba a lo mismo: Mantix era una sombra, un mito inhumano que jugaba con ellos.

Una notificación iluminó la pantalla de su teléfono. Era un correo cifrado de su superior, Pierre Marlot, el director regional de la Interpol. El tono era tan cortante como lo había imaginado:

"*Bastián, esta es tu última oportunidad. Si no capturas a Mantix antes de la final del Mundial, daremos por cerrado el caso. La operación ya ha excedido los recursos asignados, y la atención mediática es peligrosa. No puedes perseguir sombras eternamente. Haz lo necesario o retirate. Decide.*"

El mensaje ardía en sus retinas. Cerró los ojos con fuerza, apretando el puente de su nariz. Sabía que Pierre estaba bajo presión política, pero esas palabras le golpeaban donde más dolía.

"*Haz lo necesario o retirate.*"

—No me rindo —murmuró para sí mismo, aunque su voz sonó más como una súplica que una declaración.

Se levantó de la silla y comenzó a caminar de un lado a otro de la sala, repasando mentalmente cada pista. La máscara, el casco hirviendo, la nube de humo…

Mantix lo estaba empujando, marcándole el ritmo de un juego que no entendía por completo.

Pero esta vez, no iba a jugar con las reglas del ladrón. Esta vez, él las iba a romper.

Bastián salió de la sala y caminó rápidamente hacia la oficina central de operaciones. Paul lo esperaba allí, rodeado de monitores que mostraban imágenes en tiempo real del estadio, las calles de Doha y las áreas clave del caso.

—¿Alguna novedad? —Preguntó Bastián, sin molestarse en saludar.

Paul negó con la cabeza, pero notó algo diferente en los ojos de su colega: una mezcla de cansancio y determinación que podía ser peligrosa.

—Nada sólido. Cobra sigue estable, pero todavía está inconsciente. Los médicos dicen que podría despertar mañana o... nunca. Además, no pueden determinar el daño neurológico y por tanto saber si sus funciones cognitivas no fueron afectadas.

—¿Y vos? ¿Estás bien? Pareces...

—Estoy bien, de hecho, estoy mejor que nunca —interrumpió Bastián, ignorando la preocupación en la voz de Paul.

—Tenemos que acelerar, no hay tiempo Paul lo miró con cautela.

—¿Qué tenés en mente?

Bastián tomó un marcador y comenzó a escribir en una pizarra blanca. Su letra era rápida, casi furiosa, como si tratara de convertir su frustración en acción.

La trampa: Crear una situación donde Mantix no pueda resistirse a aparecer.

Exposición mediática: Atraerlo a un lugar lleno de cámaras y agentes encubiertos.

Cobra: Forzar a Cobra a hablar en cuanto despierte, incluso si eso significa apretar donde más duele.

El mundial: Aprovechar el caos y las multitudes para encontrar su punto débil.

—¿Queres usar el Mundial como carnada? — Preguntó Paul, leyendo la pizarra.

—Exacto. Lo conozco, jamás se pierde eventos de magnitud mundial, le encantan, así como la atracción mediática. Te lo garantizo: él va a estar presente en la final. Es obvio que Mantix no está aquí por azar. Todo lo que hace está sincronizado con este evento. El robo de la camiseta dorada no es solo un golpe a nivel simbólico; es un mensaje. Y sabemos que alguien pagará una fortuna por ella.

Paul asintió, aunque todavía dudaba.

—¿Qué tipo de trampa estás planeando? Bastián se giró hacia él, su mirada intensa.

—Un señuelo. Si Mantix quiere atención, se la vamos a dar. Vamos a crear algo lo suficientemente tentador como para que salga de las sombras.

—¿Qué tan tentador? —Preguntó Paul, con una ceja levantada.

—Tan tentador como anunciar públicamente que tenemos la camiseta original y que la que se robaron es una burda replica... pero esta vez con seguridad reforzada en cada esquina. Imagínate el daño que este anuncio haría a su subasta privada, a su negocio creciente.

Paul abrió los ojos de par en par.

—Eso es una locura, Bastián. ¿Y si no cae? ¿Y si viene o atraemos a alguien mucho más peligroso?

—Sabe que es una provocación directa a él y le encantan estos juegos, no va a dudar en aparecer.

—Bastián, te apoyo siempre. Pero esto es una locura. ¡Estás cruzando todo límite! —Dijo Paul, intentando disuadirlo.

—¡Callate! ¡Ni una palabra más! Mantix aparecerá. No porque cometa errores, sino porque quiere demostrar que es el mejor. Es un ególatra. Y esta será su oportunidad de brillar.

Esa noche, Bastián convocó a su equipo en una sala de reuniones. Las paredes estaban cubiertas con mapas de Doha, diagramas de los estadios y planos del museo donde Mantix había cometido su primer golpe. En el centro de la mesa había una réplica perfecta de la camiseta dorada, hecha en tiempo récord por un equipo especializado, los detalles eran increíbles.

—Esto es lo que vamos a hacer —dijo Bastián, mientras encendía un proyector que mostraba un plano del estadio Lusail. Los agentes escuchaban en silencio mientras él detallaba cada parte del plan. Cámaras encubiertas, francotiradores en las azoteas, sensores en las vitrinas, drones volando a baja altura.

Esa misma noche, un mensaje apareció en la Dark Web, en uno de los foros donde los grandes nombres del crimen intercambiaban secretos y transacciones: *"Anuncio especial: La camiseta dorada original de la selección argentina, no fue robada y estará en exhibición mañana en un evento exclusivo en el estadio Lusail. Seguridad reforzada, cámaras en vivo. ¿Te atreves?"*.

Bastián cerró la laptop después de enviar el mensaje. Sabía que era una jugada peligrosa, un todo o nada. Pero no tenía opción. En su mente era eso: **todo** *o nada.*

Se sentía más preparado que nunca.

Si Mantix realmente quería jugar, entonces esta vez sería Bastián quien dictara las reglas.

CAPÍTULO 14: Una noche soñada

Doha vibraba entre cánticos, banderas ondeando al viento y tambores que resonaban como el latido de un corazón colectivo. Era la celebración de un país entero a pocos días de una final soñada, pero para Pipa y Fernanda, esa noche no se trataba del Mundial ni de los goles; se trataba de ellos.

Habían encontrado un rincón tranquilo en un parque cercano, lejos del bullicio, bajo la tenue luz de las farolas que proyectaban sombras largas y suaves. Las luces de la ciudad brillaban a lo lejos, reflejándose en el mar tranquilo. Pipa, sentado en un banco, jugaba con los dedos de Fernanda, trazando círculos suaves sobre su palma mientras la miraba a los ojos.

—¿Qué? —Preguntó ella, sonriendo tímidamente al notar la intensidad de su mirada.

—Nada. Solo que... todavía no entiendo cómo hice para cruzarme con alguien como vos en un lugar como este —respondió él, con una sinceridad que le iluminaba el rostro.

Fernanda bajó la mirada, sintiendo cómo el calor

subía a sus mejillas. Siempre había sido fuerte, segura, pero con Pipa todo parecía desmoronarse de la mejor manera posible. Él tenía una manera de mirarla que hacía que todo lo demás desapareciera, como si fuera la única persona en el mundo.

—Dejate de pavadas, Pipa. Vos siempre con tu chamuyo —bromeó, aunque su voz sonaba más dulce de lo que esperaba.

—No es chamuyo —dijo él, negando con la cabeza mientras entrelazaba sus dedos con los de ella

—Chamuyo fue cuando te dije que no me acordaba cómo habíamos terminado peleando en el aeropuerto. Esto es otra cosa. Esto es verdad.

El silencio que siguió fue cargado de significado. Ella sintió un nudo en el estómago, ese tipo de nervios que no eran desagradables, sino más bien emocionantes.

—Vamos al departamento —propuso Pipa de repente, rompiendo el momento, pero sin soltarle la mano.

Fernanda parpadeó, algo sorprendida.

—¿Al departamento? ¿Con Sebastián ahí? —preguntó, dudosa.

Pipa se encogió de hombros con una sonrisa torcida.

—No te preocupes. Sebas está saliendo con una chica que conoció en el banderazo. Seguro no vuelve temprano. Y si vuelve, le pido que nos deje la habitación.

Ella lo miró, mordiéndose el labio inferior, indecisa. Había algo en esa idea que la inquietaba, pero también la emocionaba.

—No sé... —empezó a decir. Pero él la interrumpió suavemente, inclinándose hacia ella.

—Fer, no quiero que pase otra noche sin que te des cuenta de lo mucho que significas para mí.

Ella se quedó sin palabras. No era solo lo que dijo, sino cómo lo dijo. como si estuviera poniendo cada pedazo de su corazón en esas palabras. Finalmente, sonrió y asintió.

—Está bien. Pero si Sebas nos echa, te hago responsable. Pipa rio, y juntos caminaron hacia el complejo Barwargento, entre las calles llenas de vida y el murmullo de los festejos que los seguía como una banda sonora de fondo.

Cuando llegaron, el departamento estaba en penumbras. Como Pipa había predicho, Sebastián no estaba. Todo estaba en silencio, excepto por el leve zumbido del aire acondicionado.

—Te lo dije, Sebas no iba a volver temprano —dijo Pipa, girándose hacia Fernanda con una sonrisa de victoria.

Fernanda cruzó los brazos, fingiendo una expresión seria.

—¿Y si aparece de repente con su "chica"? —preguntó, aunque ya se estaba relajando.

—Entonces le decimos que el sillón es muy cómodo —respondió Pipa, señalando el sofá con una sonrisa burlona.

Ella no pudo evitar reír. Había algo en su energía, en la manera despreocupada y alegre de ser, que la desarmaba por completo.

Mientras Pipa preparaba un mate porque para él, cualquier momento era perfecto para el ritual argentino, Fernanda se sentó en la cama, observándolo. Cada movimiento suyo parecía tener una mezcla de torpeza y encanto. El sonido del agua al caer en el mate, el crujido de la yerba al acomodarla con la bombilla, la forma en que se rascaba la cabeza mientras buscaba algo en el bolso. Todo le parecía... único.

—¿Qué mirás? —Preguntó él, alzando la vista con el mate en la mano.

—Nada. Es solo que... sos muy vos —respondió Fernanda, con una sonrisa que no pudo ocultar.

Pipa arqueó una ceja, divertido.

—¿Eso es un halago o una crítica?

—Un halago —admitió ella, rodando los ojos.

Él se acercó lentamente, con el mate aún en la mano, pero esta vez no se lo ofreció. En cambio, se inclinó hacia ella, dejando que sus ojos hablaran por él. La respiración de Fernanda se volvió un poco más pesada, pero no retrocedió.

—¿Sabés qué pienso? —Preguntó Pipa, su voz bajando a un susurro.

—¿Qué? —Respondió ella, apenas capaz de pronunciar la palabra.

—Que no importa dónde esté, siempre voy a acordarme de este momento.

Antes de que pudiera añadir algo, Pipa cerró la distancia entre ellos, y sus labios se encontraron en un beso que pareció detener el tiempo e iniciar la llama.

La noche avanzó como un sueño. Entre besos, risas y caricias, Pipa y Fernanda se entregaron completamente a la conexión que habían estado construyendo desde el día que se conocieron. Todo lo que habían vivido. las discusiones, las miradas furtivas, las conversaciones interminables, los había llevado a este momento.

Para Pipa, estar con Fernanda era como tocar el cielo. Había algo en ella que no solo lo atraía físicamente, sino que también lo desafiaba, lo intrigaba, lo hacía sentir vivo de una manera que nunca antes había experimentado.

Fernanda, en cambio, se sentía segura con él, como si el caos del mundo exterior no pudiera alcanzarlos mientras estuvieran juntos. En cada caricia, en cada palabra susurrada, encontraba un refugio que no sabía que necesitaba.

Las horas pasaron sin que ninguno de los dos las notara. La ciudad seguía celebrando, pero ellos estaban en su propio universo paralelo.

Cuando los rayos de sol comenzaron a asomarse por la ventana, con sus tonos anaranjados y rosados bañando la habitación, ambos estaban recostados en la cama, en silencio. Fernanda apoyó la cabeza en el pecho de Pipa, escuchando los latidos de su corazón, que eran lentos y constantes, como si todo en el mundo estuviera en equilibrio por primera vez.

—Gracias —murmuró ella, rompiendo el silencio.

—¿Por qué? —Preguntó él, acariciando su cabello.

—Por esta noche. Por todo.

Pipa sonrió, cerrando los ojos mientras la abrazaba con más fuerza.

—Yo debería agradecerte. Nunca pensé que algo así me podía pasar.

Y aunque no lo dijeron en voz alta, ambos sabían que esa noche sería un recuerdo que llevarían con ellos para siempre, sin importar lo que el destino les tuviera preparado.

CAPÍTULO 15: Final histórica

El mundo parecía contener el aliento. Desde las primeras horas de la mañana, la ciudad de Doha vibraba con una energía imposible de ignorar. Lusail, el imponente estadio que brillaba en el horizonte como un templo dorado, se había convertido en el epicentro de millones de sueños y emociones.

En el departamento que compartían, Pipa y Sebas despertaron al sonido de cánticos y bombos que resonaban desde las calles. Aunque la ansiedad no los había dejado dormir más de tres horas, la emoción los mantenía de pie. Pipa, con el parlante en una mano y el mate en la otra, ya estaba completamente encendido.

—"*¡Muchaaachos, ahora nos volvimo' a ilusionar!*" —Cantaba con entusiasmo, saltando alrededor de la mesa.

Sebas salió del baño arrastrando los pies, su cabello aún mojado y revuelto, mirando a su amigo como si quisiera matarlo.

—¡Pipa, dejá de gritar! Nos van a echar antes de llegar al partido de esta noche.

Pero sus palabras no tuvieron peso. En cuanto escuchó la música y los cánticos que subían desde la calle, Sebas no pudo evitar sonreír. Pronto, se sumó al coro, golpeando la mesa con las manos para marcar el ritmo.

La atmósfera se sentía como un terremoto emocional, con una marea celeste y blanca que ya comenzaba su peregrinación hacia Lusail. Cada rostro reflejaba la misma mezcla de nerviosismo, orgullo y esperanza.

La caravana hacia el estadio era un espectáculo vibrante, una fiesta interminable de cánticos, banderas y lágrimas de emoción. Grupos de hinchas avanzaban como una ola humana, saltando y cantando al unísono. Bombos resonaban con fuerza, marcando el ritmo del corazón colectivo. Otros llevaban caras pintadas, algunos con máscaras de Messi, otros con la bandera argentina.

Pipa, caminando entre la multitud, ajustó su camiseta con cuidado. Era la misma que había usado en el partido anterior, con el número 10 estampado en la espalda. Miró a Sebas, que llevaba una réplica del buzo de arquero del Dibu Martínez.

—Prometo que, si ganamos, me tatúo la cara de Messi y la copa —dijo Pipa, mientras se ajustaba la visera de su gorra.

Sebas levantó una ceja, divertido.

—¿Solo Messi? ¡Yo me tatuaría al Dibu también! Es el alma de este equipo.

Fernanda, que caminaba al lado, sonrió mientras escuchaba sus promesas y no pudo resistir la tentación de intervenir.

—La verdad que Messi me da momentos inolvidables, desde hace mucho tiempo, pero con vos, Pipa... apenas estoy empezando —dijo, mirándolo con una sonrisa pícara antes de guiñarle un ojo.

Pipa se quedó sin palabras. Por un segundo, olvidó dónde estaba. Su rostro se iluminó como si hubiera visto un gol desde mitad de cancha, y sus mejillas se tiñeron de rojo.

—Che, Fer, no me hagás esto justo antes del partido. ¡Me vas a desarmar! —bromeó, llevándose una mano al corazón como si estuviera a punto de desmayarse.

Ella soltó una carcajada, mientras Sebas resoplaba y agitaba una bandera improvisada.

—Ya está, Pipa. ¿Te enamoraste o qué? ¡Me estoy pegoteando entero con tanto dulce! ¡Déjense de joder! ¡Vamos, Argentina! —Gritó Daniel.

Las risas los acompañaron hasta que, finalmente, el estadio apareció en el horizonte, resplandeciendo como un faro en medio del desierto. Lusail se alzaba imponente, prometiendo que esa noche quedaría grabada en la historia.

Desde el primer segundo, la tensión en el estadio fue palpable. Las tribunas estaban divididas entre el azul y blanco de los argentinos y el azul oscuro de los franceses. Pero la hinchada argentina tenía algo más: cánticos que retumbaban con tal fuerza que hacían vibrar las paredes del estadio.

Argentina saltó al campo de juego con todo. El equipo parecía una orquesta sincronizada, con Messi como el director. Los pases eran precisos, y cada movimiento estaba cargado de intención. En el minuto veinte, Di María, siempre ágil y escurridizo, fue derribado dentro del área.

El árbitro no dudó ni un segundo. Señaló el punto de penal, y el estadio explotó en un rugido ensordecedor.

—¡¡¡PENAAL!!! —Gritó Pipa, poniéndose de pie.

Messi tomó el balón con su habitual calma. Se paró frente arquero, respiró hondo, y con un disparo preciso, cruzó el balón al ángulo. La red se infló, y el estadio se vino abajo. Pipa saltó de su asiento, abrazando a Sebas mientras gritaba como si el mundo dependiera de ese gol.

—¡Es Messi, carajo! ¡Es Messi! —gritó, con la voz quebrada por la emoción.

Pocos minutos después, en una jugada colectiva que fue una obra de arte, Di María apareció como un rayo. Recibió un pase perfecto y, ante la salida de Lloris, picó el balón con elegancia. El 2-0 estaba sellado.

La hinchada argentina se transformó en un carnaval. Pipa abrazaba a Sebas como si fuera su hermano de toda la vida, mientras Fernanda y Carolina saltaban, gritando y llorando de alegría.

—¡Es nuestro! ¡Es nuestro! —Gritaba Fernanda, aferrándose a Pipa como si quisiera compartir la energía de su corazón desbordado.

Pero en el centro de monitoreo, lejos del bullicio, Bastián no compartía el júbilo de los hinchas. Sus ojos permanecían fijos en las pantallas.

—Mantix está aquí. Este es su escenario ideal, y no dejará pasar esta oportunidad, todos alerta —murmuró, con el ceño fruncido.

En el segundo tiempo se produjo un cambio brutal. Francia despertó como un león herido, y el juego se volvió una batalla de resistencia y nervios. En el minuto 33, un penal le devolvió la vida al equipo francés. Mbappé no falló.

Unos minutos después, el joven prodigio volvió a atacar. Con una volea perfecta, marcó un golazo que silenció a las tribunas argentinas. El empate estaba sellado, y la tensión era insoportable.

Pipa, que hasta hacía unos minutos había sido puro festejo, se agarraba la cabeza con desesperación.

—¡No puede ser! ¿Por qué? ¡Con lo bien que estábamos jugando! —Gritó, golpeando el respaldo de su asiento.

Fernanda le tomó la mano, apretándola con fuerza.

—Calmate, Pipa. Esto no termina hasta que termina —susurró, tratando de transmitirle algo de calma.

El tiempo suplementario fue un vaivén de emociones. Messi apareció en el momento justo, marcando lo que parecía ser el gol del triunfo. Pero Francia no se rindió. Un penal en los últimos minutos permitió que Mbappé anotara su tercer gol de la noche.

Poco después, un envío largo desde el mediocampo dejó a Kolo Muani mano a mano con Dibu Martínez. La atajada del arquero, estirando su pierna izquierda como un resorte, fue épica y se gritó como un gol desde mitad de cancha.

Sebas, al borde de las lágrimas, murmuró:

—¿Por qué siempre tenemos que sufrir tanto?

Pipa, con el rosario en las manos, lo miró con calma tensa.

—Porque somos argentinos. Pero esta noche es nuestra, ¡¡lo tenemos al DIBU!!, ¡¡esta noche es nuestra!!

El estadio entero contuvo el aliento. El aire era denso, cargado cargado de emociones. Mbappé convirtió el primer penal, pero Messi respondió con un remate certero. Entonces, el Dibu hizo lo suyo. Con una mezcla de psicología y reflejos, atajó el disparo de Coman. Y cuando Tchouaméni falló su ejecución, las tribunas explotaron.

—¡Es nuestro! ¡Ya está! —Gritaba Pipa, abrazando a Sebas y Dani con fuerza, mientras las lágrimas corrían por sus mejillas.

El penal decisivo quedó en los pies de Gonzalo Montiel.

Cada segundo antes de su disparo se sintió eterno.

Cuando el balón cruzó la línea inflando la red, el mundo entero pareció detenerse por un momento... y luego, la explosión de emociones fue indescriptible.

Pipa cayó de rodillas, acurrucado, llorando sin

control. Fernanda corrió hacia él, abrazándolo con todas sus fuerzas. Mientras el estadio rugía.

Los cinco amigos pasaron del llanto emotivo a abrazarse hombro a hombro, y a cantar a coro mientras saltaban:

—"*¡Dale Campeón! ¡Dale Campeón!*"

—Lo hicimos, Fer. ¡Lo hicimos! —murmuró Pipa, con la voz rota.

Y así, mientras las luces de Lusail brillaban como nunca, Argentina volvió a alcanzar la gloria.

CAPÍTULO 16: Jaque

Mientras los cánticos y los festejos retumbaban en Lusail tras la consagración de Argentina, Bastián no estaba celebrando. En su mundo, no había lugar para goles ni gloria, solo para pistas y sospechas.

—¿Bastián, me oís? —la voz de Paul resonó en su auricular con urgencia.

—Te escucho. ¿Qué sucede?

—¡Tenías razón, hizo contacto! —La voz de Paul temblaba al otro lado del auricular.

—Acaba de subir un video desde el estadio, en respuesta a tu aviso. Lo publicó en la Dark Web. En el video, dice con una voz modulada e irreconocible: *"Aquí estoy. Vení a buscarme"*— Las imágenes lo mostraban señalando un sector cercano a los baños.

—Y agrega: *"Ah, y no te preocupes. La camiseta original ya tiene dueño, y te aseguro que ni en tu peor pesadilla podrías imaginar la cifra que pagó por ella."* Paul tomó aire antes de continuar, su tono cada vez más tenso:

—Lleva puesta una camiseta de Argentina y una máscara de Messi, pero hay un problema...

Bastián apretó los dientes y comenzó a caminar rápidamente hacia la salida del centro de monitoreo. Su mandíbula estaba rígida, su mano presionaba el auricular.

—¿Qué problema? ¡Habla claro, Paul, ya!

—Mirando las cámaras, hay muchas personas con esa máscara —respondió Paul, en un susurro nervioso.

—Según me dicen los agentes, un anciano, uno de los vendedores ambulantes del centro, estuvo ofreciendo esas máscaras en la entrada del estadio. Aunque... —Paul hizo una pausa.

—Hemos identificado a alguien que parece encajar. Está cerca de los baños. Los agentes ya se están acercando.

Bastián aceleró el paso, esquivando a dos técnicos que venían de frente. Su corazón martillaba en sus oídos.

—¿Y? ¿Qué pasa con él? Paul tragó saliva.

—Se está moviendo. Parece dirigirse hacia los baños.

¡Maldición! Hay al menos cuatro personas más con la misma máscara y camiseta en ese sector. Se mezcló con los hinchas.

El puño de Bastián golpeó la pared más cercana mientras su rabia subía como un incendio descontrolado.

—¡Entonces es un truco! Mantix está usándonos como piezas en su juego —murmuró mientras salía corriendo hacia el sector indicado.

De pronto, todas las luces del estadio se apagaron. El silencio inicial dio paso a un show de luces LED, bengalas, y fuegos artificiales que iluminaban el cielo y cerraban el evento. Las bengalas sumieron el estadio en una nube de humo celeste y blanca. La búsqueda era frenética, y cuando la nube se disipó, unos diez minutos más tarde, los agentes encontraron algo que nadie esperaba. Dentro de uno de los tachos de residuos de los baños de mujeres, cubiertos con papeles sanitarios hallaron otra máscara de Messi, idéntica a las demás.

Pero no estaba sola.

Junto a ella, encontraron un top para aplanar los senos y una camiseta de Argentina.

Bastián miró fijamente a un agente a su lado, y algo en su interior se quebró.

—¡Maldición! —Gritó, pateando con furia otro tacho de basura cercano.

La voz de Paul resonó en su auricular.

—Bastián, esto lo cambia todo. Mantix podría ser...

—¡Ya sé, una mujer! ¡Esto sumado a la máscara en el centro comercial! —Interrumpió Bastián, apretando los puños con fuerza. Giró hacia los agentes más cercanos.

—Revisen todas las cámaras de todo el sector. Quiero identificar a cada mujer que haya salido de los baños en los últimos 15 minutos y ¡que las detengan! ¡No dejen a nadie afuera!

¡Cierren este estadio!

Pero, en el fondo, lo sabía. Mantix ya se estaba riendo de ellos desde las sombras. Las dudas comenzaban a carcomerlo:

¿Una mujer? ¿Como es posible que no lo notara? ¿Y si es otra pista falsa? ¿Y si esto es solo una trampa más?

El caos no tardó en extenderse. Entre la confusión, los agentes comenzaron a retener a varias hinchas. Entre ellas Fernanda y Carolina, estaban entre una veintena de aquellas que las cámaras pudieron distinguir cuando el humo ya casi se había disipado saliendo de los baños.

—¡Señoritas, por favor, acompáñennos por favor! —Ordenó uno de los agentes, sujetando a Fernanda y a Carolina del brazo mientras le mostraba su identificación.

—¿Qué? ¿Qué está pasando? ¡Nosotras no hicimos nada! —protestó Fernanda, forcejeando contra el agente.

A lo lejos, Pipa vio la escena. Sintió cómo la sangre le hervía al ver que se llevaban a Fernanda detenida y no entendía nada.

—¡Soltala, hijo de Puta! —Grita, corriendo hacia ellos.

—¡Fer! ¿Qué hacen? ¡Ellas no tienen nada que ver! ¡Déjenlas ir!

Pipa intentó acercarse, pero los agentes lo empujaron con fuerza. La desesperación lo consumió, y comenzó a forcejear con ellos mientras gritaba:

—¡Es mi novia! ¡No pueden llevársela así!

¡Ayúdenme!

Los gritos de Pipa atrajeron la atención de decenas de hinchas que comenzaron a rodear a los agentes, gritando y filmando con sus celulares. La situación estaba a punto de salirse de control.

En un último acto de desesperación ya fuera del estadio, Pipa corrió hacia una unidad de televisión que transmitía en vivo.

—¡Ayúdenme, por favor! —suplicó, con la voz quebrada mientras se agarraba del micrófono del reportero

—¡Detuvieron a mi novia y a su amiga sin motivo! El periodista, un hombre mayor llamado César, lo miró sorprendido.

—Calmate, flaco. Decime qué pasó. Mientras Pipa explicaba entre lágrimas, el equipo de televisión comenzó a contactar a la Embajada Argentina.

Horas después, los chicos habían perdido sus vuelos. La preocupación crecía entre sus familiares y amigos.

A diferencia de otras mujeres detenidas, que pronto fueron liberadas, sobre Fernanda y Carolina existían pistas incriminatorias. El historial de ubicaciones de sus celulares las mostraba en un yate, en el mismísimo momento en que un dispositivo con esa misma geolocalización lanzó la subasta clandestina de la camiseta. Una de las pistas, vinculaba a Mantix con ese mismo Yate. Ese mismo día. Y a esa misma hora.

Fue entonces cuando el embajador argentino logró intervenir. Las autoridades locales, presionadas por la atención mediática, aceptaron revisar nuevamente cada prueba. Tras verificar cada una de las ubicaciones registradas en el celular de las chicas, no quedó ninguna duda: ellas no encajaban en el perfil, ni en el resto de las ubicaciones. Pero algo quedó muy claro: "**Las dos eran testigos, de la presencia de Mantix**".

En la sala de interrogatorios, Fernanda permanecía sentada, con las manos sobre la mesa. Aunque intentaba mantener la calma, su rostro reflejaba el cansancio y la angustia de la situación. Finalmente, la puerta se abrió, y Bastián entró con una expresión tensa.

—Buenos días señorita, lamento las molestias, ya pronto será liberada, solo necesito que responda la detalle unas cuantas preguntas importantes.

—Para comenzar ¿cómo llegó a este yate? —Dijo, arrojando la foto sobre el escritorio

Fernanda explicó todo lo sucedido.

—Bien y, ¿no notó nada o a alguien extraño, alguien con máscara?

—Ahora que lo dice, sí. Alguien con una máscara de Messi saludo efusivamente a quienes estábamos en cubierta, como si quisiera hacerse notar. Luego entro a la zona que... supongo es de camarotes y no volvimos a verlo.

—¿Pudo notar si se trataba de un hombre o una

mujer?

—Es muy difícil decirlo ya que portaba una bandera gigante que cubría su torso desde los hombros.

—Bien, muchas gracias. Puede irse. Tenemos sus datos de contacto por si llegáramos a necesitar algún ampliar su declaración.

Fernanda lo miró fijamente, sin saber si agradecer o gritarle.

—¿Y mi amiga?

—Ella es libre de irse también.

De repente Pipa irrumpió en la sala y corrió hacia ella, abrazándola con tanta fuerza que Fernanda no pudo contener el llanto.

—¡Sabía que vendrías por mí! —murmuró Fernanda entre lágrimas, aferrándose a él.

—Nunca te dejaría sola. Nunca —respondió Pipa, acariciándole el rostro con suavidad.

El Embajador los acompañó de regreso al hotel, asegurándoles que todos los gastos serían cubiertos. Pipa y Fernanda se abrazaron durante todo el camino y Carolina los acompañaba. Ninguno de los tres emitió ni una sola palabra.

Ya en el avión de regreso a Argentina, justo antes del despegue, sus celulares vibraron casi al unísono. Todos recibieron una notificación de un usuario desconocido. El mensaje era breve, pero desconcertante:

"Hola. Soy Mantix. Lamento todas las molestias

ocasionadas. Por todo lo que vivieron, quiero recompensarlos. Cuando lleguen a su destino, recibirán un código QR que desbloquea un monedero Crypto exclusivo para ustedes. Usen los fondos como deseen. Que tengan una fantástica vida."

Pipa rio con incredulidad, mirando el mensaje como si fuera una broma.

—¿Qué hacemos? Habría que denunciar esto —preguntó Fer, mostrando su pantalla.

Pipa suspiró y dejó el celular a un lado.

—No sé. Pero algo es seguro: con todo lo que vivimos, tenemos una historia alocada que ni nuestros nietos van a creerla.

—¿Nietos?, Ya estas delirando ¡Ja,Ja,Ja!... —Soltó Fernanda entre carcajadas burlonas

El avión ya surcaba el cielo. Cuando se encendió el anuncio de desabrochar el cinturón. Fernanda se paró junto al pasillo

—Ah, pero... ¿saben una cosa?... —Preguntó.

—¿Qué? —Respondieron Caro y Pipa al unísono.

—Queeeee. ¡Palo, palo palo bonito palo eh... eeeeh, somos campeones otra vez! —Cantaba golpeando la cubierta de los equipajes de mano.

Caro y Pipa se sumaron, junto a un puñado de argentinos.

⭐

En el hospital de Doha en cambio, Bastián entraba en una habitación oscura. Allí, Cobra yacía intubado, conectado a máquinas que monitoreaban cada segundo de su vida.

Bastián se inclinó hacia él, sus ojos llenos de determinación.

—Te necesito vivo. Sos el único que puede darme a Mantix —murmuró, con la voz llena de rabia contenida.

Antes de salir de la habitación, su celular vibró con una noticia: *"Magnate anónimo dona 42 millones de euros a una fundación de refugiados"*.

Bastián apretó los labios, sabiendo que esta partida aún no había terminado.

Diez meses más tarde, ya adentrado el otoño en la idílica Paris. Bastián, retirado, trotaba por el Parc Montsouris mientras escuchaba su programa matutino favorito de radio.

De repente, un anuncio altero su rutina.

—En otras noticias internacionales, nos vamos a Catar —dijo el periodista con tono grave.

—"Tras 10 meses en estado de coma, el peligroso asesino apodado Cobra, ha despertado esta mañana en la institución de salud donde permanece aislado bajo estricta custodia policial".

La visión de Bastián se nubló. Sintió su corazón acelerarse. Un golpe de adrenalina lo atravesó, se hiperventiló y tambaleó, chocando contra otro corredor que venía de frente.

Ambos cayeron enredados.

Agitado, y sin poder recuperar el aliento logró balbucear

—¡Lo siento!

—¡Tengo que... tengo que... ir a Catar!

FIN.

Made in the USA
Columbia, SC
25 May 2025